本科规划教材

外国文学翻转课堂活动设计

WAIGUO WENXUE
FANZHUAN KETANG HUODONG SHEJI

邹　涛　邓晓英
郑　怡　何　敏　等著

电子科技大学出版社
University of Electronic Science and Technology of China Press
·成都·

图书在版编目（CIP）数据

外国文学翻转课堂活动设计 / 邹涛等著. —成都：电子科技大学出版社，2020. 10

ISBN 978-7-5647-8368-6

Ⅰ. ①外… Ⅱ. ①邹… Ⅲ. ①外国文学－课堂教学－教学研究 Ⅳ. ①I106

中国版本图书馆 CIP 数据核字（2020）第 193717 号

外国文学翻转课堂活动设计

邹 涛 邓晓英 郑 怡 何 敏 等著

策划编辑 谢应成
责任编辑 谢应成

出版发行 电子科技大学出版社
成都市一环路东一段 159 号电子信息产业大厦九楼
邮编 610051
主 页 www.uestcp.com.cn
服务电话 028-83203399
邮购电话 028-83201495

印 刷 成都市火炬印务有限公司
成品尺寸 170mm×240mm
印 张 7
字 数 104 千字
版 次 2020 年 10 月第 1 版
印 次 2020 年 10 月第 1 次印刷
书 号 ISBN 978-7-5647-8368-6
定 价 28.00 元

前言

QIANYAN

《外国文学翻转课堂活动设计》的写作，建立在我们将近十人的教学团队已完成了五轮文学翻转课堂的实践经验基础之上。它和国家精品在线课程“外国文学经典选读与现实观照”以及教材《外国文学经典选读》（中国人民大学出版社，2019）构成一种相辅相成的关系。

对于喜欢图像化输入和利用碎片化时间学习的学习者，在线课程是便利的选择；对于喜欢在阅读中思考的学习者，则可以选择《外国文学经典选读》教材进行辅助学习，因为它不仅包含视频的绝大部分内容，还增加了针对学习视频内容之前、学习过程中及学习之后各步骤的思考题，并在每个要求学习者思考的地方留出空白，方便学习者不断记录、反思自己的学习过程，与讲授的观点构成一种对话，从而帮助学习者清晰地意识到自己阅读的心路历程和思想成长轨迹。

《外国文学翻转课堂活动设计》的目的则是帮助师生进一步贯彻“外国文学经典选读与现实观照”在线课程以及《外国文学经典选读》教材的设计理念。此书设计的题目和活动远远超过每节课的实际容量，是为了给师生提供更多角度和更多的选择，让课程常上常新。

我们的设计理念主要有以下几点。

一、强调学习者的阅读体验。这方面试题设计的理论基础是读者的反应批评。我们相信，尽管同一个时代的读者，甚至不同时代的读者都拥有某些共性，但是，每位读者对文本的阐释深受其社会环境、成长经历、知识体系、价值观念等因素的影响，所以，他/她和文本的互动都具有个性化的色彩，而每个个性化的阐释既可能是对文本意义的丰富，也可能是帮助读者认识自我、认识作者以及读者之间相互认知的窗口。遗憾的是，在中小学阶段的阅读教育中，读者一般没有向老师、同学表达自己阅读体验的机会，这方面的感悟力长期未得到有效开发。有鉴于此，我们翻转课堂设计的一个重要目标就是让学生亲近文本，尊重和激发他们自己对文本的理解与阐释，从而提升具有个性化的文学鉴赏能力。

二、注重运用文学现象观照现实问题。文学，尤其是外国文学，长期被很多人认为离中国现实很遥远，是一种可有可无的奢侈品。为了打消这一偏见，我们的教学设计将引导学生寻找、审视生活中的相关案例，与文学文本相互观照，从而拉近与文学，尤其是本土现实与外国文学之间的距离，提升学生理解现实和解决实际问题的能力，批判式理解人与社会、自然的关系，同时培养学生的家国情怀和国际视野。

三、注重方法论的引导。要想有效提升学生的文本领悟力和文学鉴赏能力，必须教给他们较易操作的一些基本方法，打破以前应试教育带来的一些思维定式。这部分我们主要借鉴叙事学和新批评，引导学生如何细读文本。譬如：针对小说，如何分析人物、情节、环境、视角、主题；针对诗歌，如何分析声音、意象、结构编排等。

四、注重培养学生多角度看问题的意识。因为人生阅历有限以及应试教育带来的思维定式，个别青年学子看问题往往相对片面和不成熟。我们通过视角转换、角色扮演、改写经典、辩论等活动设计，引导学生多角度看待问题，改变轻易贴上道德标签的做法。因为懂得，所以慈悲，所以宽容。文学的伦理引导功能因此得到更有效地发挥。

整体的课程设计分为课前、课中、课后三个环节。课前设计重在引导学生提前阅读文本，挖掘自己的阅读第一感觉，同时引导学生将文本和现实问题关联起来，激发其进一步探究的兴趣。

课中设计主要在于检测预习效果，引导学生分享学习体会，相互激发，老师总结提升等，主要分为以下五步。

第一步，客观题检测。该部分旨在快速检测学生自主阅读文本及理解老师提供的文本分析的效果。客观题既可以以抢答的形式进行，激活课堂氛围；也可以利用在线小测验进行，保证考察覆盖所有学生。

第二步，阅读体验分享与问题讨论。这部分主要针对课前的阅读体验问题和视频问题展开讨论。阅读体验分享旨在督促预习及进一步检验学生的预习效果。视频问题是针对教学视频提出的一些问题，有些提供了答案，有些没有提供。针对这部分问题的讨论旨在温习、巩固教学的关键内容。可挑选其中的一些问题要求学生做出回应，鼓励他们挑战或补充教学视频中的观点，以培养他们的批判思维能力。

第三步，现实案例分享。这部分回应课前设计“现实观照”部分的任务要求，请同学们跟小组一起分享课前收集的现实案例，教师再择其优秀案例进行全班讨论，与文本中的问题的讨论结果相互参照。这部分提供了教师引导讨论的思路建议，但仅供参考，每位教师可以实现自己的拓展。

第四步，方法论引导。这部分主要涉及文学形式的基本要素，或者相关批评理论。通过阅读方法论的引导，提升学生面对文本和现实案例时分析的深度。

第五步，伦理引导。这部分主要通过培养学生多角度看问题的能力，进一步提升学生的伦理判断和伦理选择水平，提高学生的综合素质。

课后环节的设计重在鼓励学生将课堂所学进行进一步综合运用，拓展阅读的深度和广度，加强文化比较与文明互鉴意识，训练学生的表达能力和批判思维能力，并引导学生有意识地反思自己的学习效果，努力将思想转化为现实行动，切实推进文学与现实的深度互动。

设计内容的展开形式可以多样化，包括抽查问答、自由讨论、头脑风暴、小组活动（如课堂报告、演讲、辩论、角色扮演）等，并鼓励其他同学对开展活动的小组的表现进行提问、点评、打分，充分发挥生生互动的效果。

本书的设计理念适用于很多文学阅读课程，可供讲授语文课、外语阅读课、中国文学课、外国文学课的教师同仁参考。

在任务分工方面，邹涛负责整体思路设计和主观题设计，并对所有主观题和客观题进行审核修订；邓晓英负责收集整理已有备课材料，参与主观题和客观题设计及修订；郑怡负责客观题部分，并参与主观题设计和修订；杨素娟在退休后仍继续积极参与本书的主观题和客观题设计；何敏、冯冰、赵蓉、薛晨、李冬青、蒋柳、余劲草皆不同程度参与课程建设和题目设计。在此感谢课程组所有老师的合作。

邹　涛

2020 年 8 月于置信学府杏林

目录

MULU

第一讲 《项链》：重读经典的必要性……1
课前……1
一、阅读体验……1
二、现实观照……1
课中……3
一、客观题测试……3
二、阅读体验分享与问题讨论……7
三、现实案例分享……8
四、方法论引导……10
五、多角度看问题与伦理引导……11
课后……12
一、文本拓展……12
二、改写与比较……12
三、学习效果反思……12

第二讲 《竹林中》：求真之路……13
课前……13
一、阅读体验……13

二、现实观照……13
课中……15
一、客观题测试……15
二、阅读体验分享与问题讨论……18
三、现实案例分享……20
四、方法论引导……21
五、多角度看问题与伦理引导……22
课后……24
一、文本拓展……24
二、学习效果反思……24

第三讲　《简·爱》：爱与自由……25

课前……25
一、阅读体验……25
二、现实观照……26
课中……27
一、客观题测试……27
二、阅读体验分享与问题讨论……32
三、现实案例分析……33
四、方法论引导……34
五、多角度看问题与伦理引导……35
课后……36
文本拓展……36

第四讲　《堪萨斯》：自我、记忆与向善……37

课前……37
一、阅读体验……37

二、现实观照……37
课中……38
一、客观题测试……38
二、阅读体验分享与问题讨论……41
三、现实案例分析……43
四、方法论引导……44
五、多角度看问题与伦理引导……44
课后……46
一、文本拓展……46
二、小组行动实验……46

第五讲　《了不起的盖茨比》：梦想的力量与方向……47
课前……47
一、阅读体验……47
二、现实观照……47
课中……49
一、客观题测试……49
二、阅读体验分享与问题讨论……53
三、现实案例分析……54
四、方法论引导与训练……55
五、多角度看问题与伦理引导……56
课后……57
文本拓展……57

第六讲　《朗读者》：在历史的重负中前行……58
课前……58
一、阅读体验……58

二、现实观照……58
课中……59
一、客观题测试……59
二、阅读体验分享与问题讨论……64
三、现实案例分析……65
四、方法论引导……66
五、多角度看问题与伦理引导……66
课后……67
一、文本拓展……67
二、从思想到行动……67

第七讲　诗歌之美与诗意之存在……68

课前……68
一、阅读体验……68
二、现实观照……68
课中……69
一、客观题测试……69
二、阅读体验分享与问题讨论……72
三、现实案例分析……73
四、方法论引导……74
五、多角度看问题与伦理引导……75
课后……76
一、文本拓展……76
二、创作……76

第八讲　《哈姆雷特》：悲剧的特征与力量……77

课前……77

一、阅读体验……77
二、现实观照……77
课中……78
一、客观题测试……78
二、阅读体验分享与问题讨论……83
三、现实案例分析……84
四、方法论引导……85
五、多角度看问题与伦理引导……85
课后……86
一、文本拓展……86
二、视频制作……86

期末总结……87

一、学习过程及效果……87
二、期末作文……87

附　录　认知研究与伦理批评合力下的外国文学教学……89

第一讲　《项链》：重读经典的必要性

课　前

说明：课前设计重在引导学生预先阅读文本，挖掘自己的阅读第一感觉，同时引导学生将文本和现实问题关联起来，从而激发其进一步探究的兴趣。

一、阅读体验

1．请认真阅读《项链》文本，找出自己感觉印象深刻的地方，并思考为何这部分让你印象深刻。

2．你在中学时代是否读过这篇小说？如果当时有老师指导阅读，老师是怎样总结这个故事的中心思想的？和现在你自己的阅读体验是否一致？

3．请先看完教学视频或教材上的文本分析，然后对比视频或教材上的观点，分析这些观点与自己的阅读体验有何不同①。

二、现实观照

1．当代大学生中有不少人利用五花八门的“校园贷”来买高端消费品玩乐、送礼或包装自己，其中甚至有人因债台高筑而退学或自杀。假设你

① 因为版权问题，慕课中采用的《项链》译本和后来用于教材中的译本不同，所以，人物译名有些不同。

有位好朋友因“校园贷”而欠下20万元人民币的债务，你会给她/他怎样的建议？

2．请回忆并讲述发生在自己和朋友之间，或者自己亲自见证过的亲朋好友之间，曾经因为借东西、借钱等情况引起的故事，并和《项链》进行比较。

3．你见证或者听说过，女性因为长得漂亮而嫁入远超过自己家庭背景的人家，因此而改变生活状况或者引发一系列变化的故事吗？你怎么看待这类事情？

4．马蒂尔德的故事展示出我们每个人都有自我的人生诉求。向往更好的生活本是无可厚非，但是，对于平凡人而言，人生诉求的正确打开方式是什么？如果我们不厘清这一问题，很可能重蹈女主人公的覆辙。因此，请采访你身边多位朋友，了解他们各自人生诉求的打开方式是什么？采访完毕，请思考：在你采访的几位亲友中，你对哪一位的回答印象最深刻，为什么？如有不可取，不可效仿的是什么？

5．人们容易对美丽的女子产生偏见，常倾向于认为她们只是凭长相而不是靠智慧吃饭。你认为本文中的美丽女主人公是否具有智慧？请说出你自己的理由。

课　中

说明：这部分首先检测预习效果，然后进一步讨论拓展，并进行阅读方法论的引导，培养多角度看问题的能力，提升其伦理选择水平。

一、客观题测试

说明：这部分可用于全班测试，也可以用抢答形式来进行。测试的题目主要依据文本内容、慕课视频或《外国文学经典选读》教材中的讲解内容。

请根据《项链》这篇小说以及课程视频的讲解分析，完成以下单项选择题。

1．小说《项链》的作者是________。

A．莫泊桑

B．马克·吐温

C．巴尔扎克

D．契诃夫

2．小说《项链》中马蒂尔德的丈夫罗瓦塞尔是________。

A．教育部的小科员

B．教育部部长

C．贵族

D．穷困潦倒的小演员

3．下列对小说《项链》故事情节概述正确的是________。

A．丢项链→借项链→还项链→识项链

B．借项链→还项链→丢项链→识项链

C．借项链→丢项链→赔项链→识项链

D．偷项链→丢项链→赔项链→识项链

4．马蒂尔德生活和外貌在还债期间发生了巨变的原因是________。

A．因为马蒂尔德一直在悔恨不已。

B．因为马蒂尔德婚姻生活不幸福

C．因为马蒂尔德生了重病

D．因为马蒂尔德一直在偿还高利贷

5．造成马蒂尔德悲剧的原因不包括________。

A．马蒂尔德自身的虚荣心

B．物欲横流、骄奢淫逸的社会环境

C．马蒂尔德对上流社会浮夸的想象

D．马蒂尔德对自由的渴望

6．在小说《项链》中，作者要批判的社会风气是_______。

A．悲观主义

B．爱慕虚荣

C．官僚主义

D．形式主义

7．下面关于小说《项链》的说法不正确的是________。

A．小说的最后揭示了朋友借给马蒂尔德项链是假项链，只值 500 法郎

B．小说中间有多处情节曾埋下伏笔，暗示项链是假的

C．女主人公马蒂尔德既爱慕虚荣，又软弱缺乏决断

D．小说中朋友借给马蒂尔德的是一条假珍珠项链

8．关于小说《项链》的主题，下列说法不正确的是_______。

A．揭示了只要经过不懈的奋斗和努力就一定能够克服生活中的困难

B．揭示了当时法国社会底层人民生活和精神的落寞，以及人生观和价值观对于人生经历的影响

C．尖锐地讽刺了当时人们的虚荣心和追求享乐的思想

D．体现了莫泊桑的悲观主义思想，认为人是脆弱的，且被动地受命运的控制

9．马蒂尔德的丈夫罗瓦塞尔本来想用给马蒂尔德买衣服的四百法郎给自己_________。

A．买一把猎枪

B．买一套书

C．买一只怀表

D．买一条狗

10．当马蒂尔德向丈夫罗瓦塞尔抱怨缺首饰的时候，丈夫给出的反应不包括________。

A．建议马蒂尔德花几十法郎买两三朵玫瑰花

B．让马蒂尔德找朋友弗莱思节夫人借首饰

C．责怪马蒂尔德不知道满足

D．建议马蒂尔德不要考虑这个问题

11．在舞会上，马蒂尔德非常高兴，因为________。

A．很多人喜欢她的项链

B．很多人想认识她

C．很多人赞赏她的舞技

D．很多人都是她的朋友

12．舞会上出来，马蒂尔德急着要离开，因为________。

A．她累了，需要休息

B．她怕别人看到她的丈夫

C．她怕别人看到丈夫给她披上的衣服

D．她觉得外面太冷

13. 项链刚丢的时候，丈夫罗瓦塞尔做了一系列举动，不包括________。

A．瓦塞尔沿着步行经过的路线寻找了一圈

B．去了警察总厅和各报馆进行悬赏

C．去了租小马车的公司寻找

D．再次回到举行舞会的地方寻找

14．马蒂尔德花了________买了一串一模一样的项链还给朋友。

A．三万六千法郎

B．五百法郎

C．四百法郎

D. 四万法郎

15. 马蒂尔德的丈夫罗瓦塞尔有一万八千金法郎，是他______。

A. 父辈留下来的存款

B. 自己辛苦挣的钱

C. 自己向朋友借的钱

D. 自己向老板预支的薪水

16. 为了偿还债务，马蒂尔德和丈夫罗瓦塞尔做了一些改变，其中不包括________。

A. 辞退了女佣

B. 搬了家

C. 租住在某处屋顶底下的一间阁楼下

D. 卖掉了自己的长发

17. 在买到要归还的项链前，马蒂尔德和丈夫罗瓦塞尔主要靠______来凑够买项链的钱。

A. 借贷

B. 求助于父母

C. 求助于老板

D. 求助于朋友

18. 马蒂尔德和丈夫罗瓦塞尔花了______还清了债务。

A. 10 年　　B. 5 年

C. 12 年　　D. 3 年

19. 马蒂尔德的丈夫罗瓦塞尔是________。

A. 性格急躁的人

B. 大大咧咧的人

C. 深邃智慧的人

D. 细心体贴的人

20. 还完债以后，当马蒂尔德在街上遇到她朋友佛莱思节夫人时，佛来思节夫人________。

A．马上拥抱她

B．没有马上认出她

C．没有理睬她

D．不相信她的话

二、阅读体验分享与问题讨论

（一）阅读体验分享

题目见课前设计。

（二）视频问题

1．小说中写道：“她总觉得自己生来是为享受各种讲究豪华生活的，因而无休止地感到痛苦。”这里面蕴含的价值观是：女人的容貌可以等同于出身和门第。根据这样的价值观来判断，一个貌美的女子如果没有得到有钱有地位的生活，她的价值就没有得到应有的承认。你是否觉得，这样的女性价值观在今天依然很流行呢？请举例说明。

2．马蒂尔德能通过自己的努力实现梦想吗？

3．你如何看待马蒂尔德和丈夫隐瞒项链丢失、不惜代价买新项链偿还的做法？你觉得她是死要面子活受罪，还是敢于承担责任？抑或是出于其他原因？如果换成你，你会怎么做呢？

4．那条项链换算成今天的购买力值两三百万，是普通家庭很难承受的巨债。认识到这一点，你对马蒂尔德选择还债是否有了不同的看法呢？你还会选择支持马蒂尔德还债吗？有同学说，只要马蒂尔德在发现项链丢失之后马上选择说出真相，就不用背负这笔巨债了呀！你如何看待这一观点？

5．如果女主及时向弗莱思节夫人说明项链弄丢了，你们觉得弗莱思节夫人当时会告诉她项链是假的吗？

6．请你自己更仔细地去体会小说中常常被读者忽视的一个人物，即马蒂尔德的丈夫罗瓦赛尔，看看他有什么特点？仔细体会之后，你对他是否有不同的感受？觉得他有什么优点，有什么不足？

7．在这个小说中，你对哪部分情节印象最深刻呢？

8．故事结尾突然指明项链是假的，让人感觉很惊讶，但是，小说在之前对此是否有任何暗示和铺垫？如果在借项链环节就告诉读者项链是假的，而让主人公被蒙在鼓里，直到最后才使其知晓，效果会有何不同？如果让读者知道项链是假的，但主人公到最后也不知这一真相，效果又怎样？

9．让我们反思自身，问问自己内心的渴求到底是什么？有何实现的途径？自己为此付出了哪些努力？

三、现实案例分享

说明：针对课前“现实观照”部分的任务要求，请同学们跟小组一起分享课前收集的现实案例，然后每组推举代表在全班汇报，分析一个最为突出的案例，老师再引导全班进一步拓展。

1．当代大学生中有不少人利用五花八门的“校园贷”来买高端消费品玩乐、送礼或包装自己，其中甚至有人因债台高筑而退学或自杀。假设你有位好朋友因“校园贷”而欠下 20 万元人民币的债务，你会给她/他怎样的建议？

教师引导：分析学生的建议和《项链》主人公的选择有何异同，引导学生警惕消费时代的陷阱。

2．请回忆并讲述发生在自己和朋友之间，或者自己亲自见证过的亲朋好友之间，曾经因为借东西、借钱等等情况引起的故事。

教师引导：带领全班将同学分享的故事和《项链》中主人公的选择做比较。可能有学生会提到“诚信”“识人”，甚至“借助法律手段”等角度。

3．你是否见证或者听说过，女性因为长得漂亮而嫁入远超过自己家庭背景的人家，因此，而改变生活状况或者引发一系列变化的故事呢？你怎么看待这类事情？

教师引导：漂亮的外表和聪明的脑袋在一定程度上都可看作是天生的优势，为何人们对靠外表吃饭和靠聪明吃饭常持不同的态度？

4．马蒂尔德的故事展示出我们每个人都有自我的人生诉求。向往更好的生活本是无可厚非，但是，对于平凡人而言，人生诉求的正确打开方式是什么？如果我们不理清这一问题，很可能重蹈女主的覆辙。因此，请采访你身边多位朋友，了解他们各自人生诉求的打开方式是什么？采访完毕，请思考：在你采访的几位亲友中，哪一位的回答对你的印象最深刻，为什么？如有不可取，不可效仿的是什么？

教师引导：分析马蒂尔德的人生诉求的打开方式中的问题，比如：她在故事的开头耽于幻想，并为此而倍感痛苦，是否有庸人自扰之嫌？欠下巨债之后，她开始勤勤恳恳地工作。她的发奋图强如果早些开始会怎样？然后，将马蒂尔德的情况和相关现实案例进行比较。尤其可以采访长辈的人生经历，他们不懈奋斗、吃苦耐劳、直面人生的精神会给我们带来积极的引导。

5. 人们容易对美丽的女子产生偏见，常倾向于认为她们只是凭长相而不是智慧吃饭。你认为本文中的美丽女主人公是否具有智慧？请说出你自己的理由。

教师引导：分析为何社会容易对美丽的女子产生这样的偏见。同时可以发现和比较各个时期各个社会中女性地位的不同和变化。

四、方法论引导

1. 很多同学在写读书报告的时候喜欢围绕某个人物而展开，但分析方法有待提升。你在以往的阅读中学到了哪些分析人物的方法？针对人物分析可提出哪些具体的问题？老师在教学视频中对人物进行了哪些分析？

2. 你在以往的学习中学到哪些情节分析的方法？针对情节分析可提出哪些具体的问题？老师在教学视频中对情节进行了哪些分析？

3. 你认为下面这段话代表谁的观点？作者？叙述者？主人公？

“因为女人本无种族门第之分，她们的美丽，她们的优雅，她们的风情万种，就是她们的出身，就是她们的门第。就算仅仅凭借与生俱来的聪敏、柔美的风姿和俏皮的灵性，平民百姓家的姑娘也应和地位最高的贵妇人比肩。”

五、多角度看问题与伦理引导

1．辩论

说明：既可以请两个小组进行课堂辩论，也可以让全班同学根据自己的观点判断分成正反两方。

正方：女主人公马蒂尔德可爱可敬

反方：女主人公马蒂尔德可笑可悲

2．换位思考与情商训练

针对女生：如果你是女主人公，你会在小说的关键节点做出什么选择？

针对男生：如果你是男主人公，你会在小说的关键节点做出什么选择？

讨论时，可以选择男生点评女生，女生点评男生，帮助学生从不同性别的角度理解问题。

课　后

一、文本拓展

1．《灰姑娘》的故事中，也出现了跟《项链》类似的情节。如，马蒂尔德为参加舞会而求取一身好装扮，灰姑娘为参加舞会而得到礼服和水晶鞋。请阅读《灰姑娘》并思考，这两个故事中的女主人公的性格和命运有何不同？主题有何差异？

2．你知道哪些展现平凡之人的英雄潜质的小说或电影（如《僵尸肖恩》等），这些主人公和《项链》主人公有何异同？作为凡人的你会永远平凡下去吗？

3．《鲁滨逊漂流记》里面的主人翁，在荒岛上的所做所为也只是一个平凡人所能做得到的事情，但是，带来的结果和影响却是非同小可。这里面体现了什么主题？

二、改写与比较

请和小组成员一起，选择出《项链》情节的几个关键点，想象其他发展的可能性，并推演出一个新的故事。然后反思作者那样写有何独特效果，大家自己的写法导向何种不同的主题？

三、学习效果反思

你对本单元的学习与讨论有哪些地方印象相对深刻？对你的人生有何启发？

第二讲 《竹林中》：求真之路

课 前

说明：课前设计重在引导学生先阅读文本，挖掘自己的阅读第一感觉，同时引导学生将文本和现实问题关联起来，激发其进一步探究的兴趣。

一、阅读体验

1．请认真阅读《竹林中》文本，说说文本中有哪些相互矛盾的线索？

2．你觉得这些人物中谁的话相对最可信？或者哪些信息是可确定的？为什么？

3．请看完教学视频或教材上的文本分析，然后对比视频或教材上的观点和自己的阅读体验有何不同。你还有哪些疑问？

二、现实观照

1．请回忆并讲述发生在自己和亲人、朋友或老师之间的一次争执或误解，反思自己和对方有着怎样不同的立场。

2．社交媒体时代，“反转新闻”层出不穷，事实真相不断翻转，何为“真”令人难以琢磨，这值得每一个人去反思。作为一个网络看客，在社交媒体中如何才能保持准确的判断，达到“去伪求真”。请同学们分享一次你自己在社交媒体使用中是否有跌入“反转新闻”真相漩涡的经历，并分析由此对社交媒体时代下的求“真”有何感悟和经验。

3. 如果你是所在班级的班长，在你某次缺席的情况下，同学之间发生了纷争。事后，老师让你了解情况，但是，现场并无监控，涉事同学各执一词，其他同学则缄口不语。你会怎么处理此事？

课 中

一、客观题测试

请根据《竹林中》这篇小说以及课程视频的讲解分析，完成以下单项选择题。

1．小说《竹林中》的作者是________。

A．志贺直哉

B．渡边淳一

C．芥川龙之介

D．坂口安吾

2．这篇小说的主要情节是________。

A．查找武士死亡的原因

B．揭示武士夫妻的感情问题

C．揭示大盗的罪行

D．揭示日本文化对女性的歧视

3．电影________主要是根据《竹林中》这部小说改编的。

A．《人间失格》

B．《罗生门》

C．《地狱变》

D．《白夜行》

4．下面说法正确的是________。

A．本部作品采用倒叙的叙事手法，揭示作品中没人说谎

B．本部作品采用单视角的叙事手法，揭示真相大白于天下

C．本部作品采用蒙太奇的叙事手法，揭示可以从信息碎片中还原真相

D．本部作品采用多角度的叙事手法，揭示真相不可得到

5．《竹林中》属于________小说。

A．悬疑

B．玄幻

C．爱情

D．武侠

6．小说中出现的人物除了3个当事人外，还有诸多证人，没有出现过的是________。

A．樵夫

B．行脚僧

C．真砂父亲

D．捕快

7．文中有三个主人公，其中不包括________。

A．真砂

B．多襄丸

C．武士

D．樵夫

8．这部作品要表达的是________。

A．真相难以追寻

B．爱情是靠不住的

C．雪崩时没有一片雪花是无辜的

D．思考可以让我们接近真理

9．根据行脚僧的证词，看到的场景正确的有________。

A．武士和妻子一起骑着马

B．武士佩戴着两柄长剑

C．武士之妻穿着一件白色衣裳

D．武士之妻带着面纱

10．下面的说法代表捕快（差役）的判断是________。

A．武士就是大盗多襄丸所杀

B．不确定武士是谁杀的

C．多襄丸是个侠盗

D．多襄丸此前被盗贼抢劫受了伤

11．老妪的证言说她的女儿________。

A．胆小怕事

B．勇敢好强

C．温柔体贴

D．小心谨慎

12．多襄丸在审讯过程中声称自己是凶手，给出的理由是________。

A．贪图武士夫妇的钱财而杀人灭口

B．他受武士之妻怂恿，经过艰苦的打斗杀死了武士

C．出于自卫误杀武士

D．他为了欺辱武士之妻而杀死了武士

13．多襄丸在陈述审讯证词时努力塑造的形象是________。

A．飘浮隐匿的高手

B．心狠手辣的刀客

C．敢做敢当的好汉

D．正义豪爽的侠盗

14．多襄丸的口供说________。

A．他没有杀那女的

B．他的确杀了那女的

C．那女的自杀了

D．那女的被武士杀了

15．真砂提到武士对她流露出________。

A．愤怒

B．悲伤

C．怜爱

D．轻蔑

16．真砂说她杀死武士的原因是因为________。

A．她不小心出现失误

B．要结束他的痛苦

C．忍受不了他看她的眼神。

D．她受到多襄丸的欺骗

17．真砂在陈述自己的审讯证词时努力塑造的形象是________。

A．贤妻良母的女性形象

B．柔弱自尊的女性形象

C．宠辱不惊的女性形象

D．看破红尘的女性形象

18．根据武士鬼魂借巫女之口的说明，下面说法正确的是________。

A．妻子被凌辱却拼死抵抗

B．妻子再三请求大盗多襄丸放过丈夫

C．大盗多襄丸掳走了妻子

D．妻子逃走，大盗多襄丸拿走武士的大刀和弓箭逃走

19．借巫婆的口，死者幽灵的话说________。

A．他是自杀的

B．他是被真砂杀的

C．他说被多襄丸杀的

D．他是气死的

20．借巫婆的口，死者幽灵的话说________。

A．他知道谁从他胸口拔出了小刀

B．他不知道谁从他胸口拔出了小刀

C．他不知道他如何拔出了小刀

D．他不知道他把小刀扔到哪里了

二、阅读体验分享与问题讨论

（一）阅读体验分享

题目见课前设计。

（二）视频问题

1．你认为谁最可能是凶手？为什么？

2．为何小说中的各个人物都说自己是杀人者？

3．你认为这些嫌疑人中谁是罪魁祸首？谁最可怜？

4．几个人的证词似乎都指向真砂，对此你有什么看法？

5．日常生活中是否有诸多类似的各执一词的现象呢？我们如何尽可能地接近真相？

6．在现实生活中，你曾和家人、朋友之间产生过怎样的误会？请换位思考各方的不同视角并分析如何造成了误会？

7．你是否对某件事或者某种社会现象的真相感到特别不能理解？请讲述出来，并请小组同学一起来多维度地分析其背后可能的内在与外在之真是什么。

8．你平时所理解的“求真”指什么？你习惯的求真之路是什么呢？在阅读了小说《竹林中》并学习了慕课之后，有没有什么新的理解？

三、现实案例分享

针对课前“现实观照”部分的任务要求，请同学们跟小组一起分享课前收集的现实案例，然后每组推举代表在全班汇报，分析一个最为突出的案例，老师再引导全班进一步拓展。

1．请回忆并讲述发生在自己和亲人、朋友或老师之间的一次争执或误解，反思自己和对方有着怎样不同的立场。

教师引导：请其他组同学点评分享者的内容，尤其是其自我剖析，指明当下的自我分析是检验自己成长度的一面镜子，或者一把尺子，并建议分享者在可能的情况下跟相关当事人进一步聊聊该事件，让曾经的争执与误会化为增进感情的梯子。

2．社交媒体时代，“反转新闻”层出不穷，事实真相不断翻转，何为“真”令人难以琢磨，这值得每一个人去反思。作为一个网络看客，在社交媒体中如何才能保持一个准确的判断，达到“去伪求真”。请同学们分享一个你自己在社交媒体使用中是否有跌入“反转新闻”真相漩涡的经历，并分析由此对社交媒体时代下的求“真”有何感悟和经验。

教师引导：注意指出同学们的讨论中可能存在的偏激之处，引导他们寻找解决相关问题的建设性意见和建议。引导方法可以下面头脑风暴的方式进行。

头脑风暴：信息时代如何辨别信息真伪？如何避免“网络暴力”？

每组展开讨论，提出辨别信息真伪的具体举措，并提交提案。

3．如果你是所在班级的班长，在你某次缺席的情况下，同学之间发生了纷争，事后，老师让你了解情况，但是，现场并无监控，涉事同学各执一词，其他同学则缄口不语。你会怎么处理此事？

教师引导：先看是否有同学能提供相关真实案例，然后引导同学进一步分析。在分析过程中，可以引导学生把双方的要点各自列举出来，再进一步分析澄清，并提出积极的解决方案。

四、方法论引导

1．如何理解文学中的真实性与历史中的虚构性？

2．《竹林中》从不同人物的视角围绕同一事件展开不同的叙述，从而呈现出事件的复杂性。小说中的视角选择是叙事学研究的重要问题，你能否举例说说你对视角运用的看法？

3．请点评下面这篇短文的视角运用有何独特之处。

蝙蝠致人类的一封信

代笔/周韶光

我叫蝙蝠，我有一种特异功能，身上能寄生1000多种病毒，是狂犬病毒、尼帕病毒、汉塔病毒等众多病毒的重要宿主。我对世间众生的贡献就是把众多病毒统统寄生在自己身上，免得它们出去危害众生。不仅如此，我的粪便还被制作中药“夜明砂”医治人类。

我深知自己全身是“毒”，所以，我宁愿居住在阴湿寒冷的岩洞里。我凭一己之力，封印病毒数万年，昼伏夜出，努力扮成一个孤独的潘多拉盒子，而且我还故意长成一张死神脸，就是要让众生远离我，别动我。

万万没想到，还是扛不住人类的贪婪和口腹之欲。人类啊，你们知道吗？你们一旦把潘多拉盒子打开，恶魔就会跑出来缠着你们啊！你们可以把我当作美味吃掉，但是，我身上为你们封存的那些病毒，失去了我这个宿主就必然要寻找新的宿主，而你们，那膘肥的肉体，不正好是它们赖以生存的温床吗？

我还要告诉你们，知道肆虐非洲和中东的 MERS（中东呼吸综合征）病毒是怎么传播的吗？2012 年世卫组织已做出分析，那种病毒是从我身上先传给骆驼，再由骆驼传给人类的。

我只能为自己哀叹：我这生生世世的努力，终究还是错付了。

我只能帮人类普法：你们的《野生动物保护法》，其实不是保护我，而是保护你们自己。

我还要特别忠告你们：人类必须遵循天道，天地间，人类其实是最渺小的。不要以为今生为人就可以天不怕，地不怕，天下老子最大。自然法则是最公平的，当你不珍惜其他生灵的时候，祸害就已经悄然降临。

最后，我还要给人类说：这封信不只代表我蝙蝠，我是代表蛇、鼠、獾、乌龟王八、鳝鱼、麻蜩各路众生说的。

祝人类一路走好，一生好运！

2020 年 1 月 27 日

五、多角度看问题与伦理引导

1．辩论

说明：既可以请三个小组课前准备好辩论，也可以让全班学生当场根据个人意见分成三方展开自由辩论。

自由辩论：大盗、武士亡灵、真砂这三个人中，谁的话相对最可信？全班根据个人意见分为三方，展开辩论。

2．表演

根据小说中三个人物——大盗多襄丸、丈夫武士、妻子真砂的不同陈述，改写出三个不同的作案场景的剧情，并由三个小组分别表演出来。

3．创作

模仿《竹林中》的写法，以你自己或者亲朋好友经历的某次争执误解的素材写一篇小说，要求写出站在不同角度的开放式结尾。目的在于增进各方理解，传播正能量。

课 后

一、文本拓展

1.《竹林中》所展现的各执一词、各有各的道理的争议性事件经常被人称之为“罗生门事件”。“罗生门”本是芥川龙之介的另一个短篇故事的名字，它因日本著名导演黑泽明执导的黑白电影经典作品《罗生门》（1950）而广为流传。该电影正是改编自芥川龙之介的《竹林中》和《罗生门》这两个故事。请阅读《罗生门》这个短篇小说，并观看黑泽明的电影《罗生门》，分析电影如何改写了上面两个故事，表达出什么不同的主旨？

2.《水浒传》以及金庸、古龙的武侠小说中，有各种习武之人形象，他们和《竹林中》的两位男主人公有何异同？

3. 请课后观看电影《控方证人》（1957 年上映，导演比利·怀德），并与《竹林中》进行对比分析，说一说两部作品在主题等方面的内容的相似之处和不同之处。

二、学习效果反思

1. 你看完这个文本之后，心里第一反应最可能的凶手是谁？听完教学视频和课堂讨论之后，你的观点有哪些变化吗？

2. 请针对前面提到的“反转新闻”，或者某一个你曾深度关注并引发舆论热议的事件，尝试站在每一方的立场去为他们做辩护，再指出每一方的局限。然后对比自己当下的看法和自己以前的态度是否有何变化？

第三讲 《简·爱》：爱与自由

课 前

一、阅读体验

1．在简·爱和罗切斯特的爱情故事中，你最喜欢或者最不喜欢的情节是什么？

2．《简·爱》常常被看作女性主义作品，人们的分析也更多聚焦女性角色，而忽视了罗切斯特。读完小说后，你对罗切斯特有何情感反应？你可用哪些词语来形容他？为什么？

3．你认为伯莎是什么样的人？你判断的依据是什么？

4．《欲望都市》里女主角指出："一般认为女人习惯用管情绪的右脑思考，男人则是用管逻辑的左脑，不过真的是天生如此吗？当问题的出发点是感情，理智就得跟情感交战，当陷入这种左脑与右脑交战时，你要怎么做？谈感情时，到底应该顺从感觉还是听从理智？"当你读到《简·爱》中罗切斯特哀求简·爱留下，而简·爱毅然离去时，你内心是何反应？如果是你，你当时是顺从感觉，选罗切斯特，还是顺从理智选约翰·里弗斯？为什么？你可以设想一下不同选择会给她带来怎样的不同生活吗？

5．请看完教学视频或教材上的文本分析，然后对比视频或教材上的观点和自己的阅读体验有何不同。你还有哪些疑问？

二、现实观照

1．如果你与已婚多金的上司暗生情愫。上司告知你无法与你光明正大地在一起，但是，恳请你做他/她的情人，你会做出怎样的选择？

2．请讲述身边真实的爱情故事，可以是发生在自己身上，也可以是身边同学、朋友、亲人，甚至父母、祖辈的爱情故事，指出当事人在爱情道路上获得的经验以及遭遇的一些困境和问题。

3．你心中的“完美爱情”是怎样的？为达到此目标，你觉得自己应付出怎样的努力？诺贝尔文学家获得者辛克莱·刘易斯认为：“《简·爱》的结尾过于圆满，甚至脱离了那个时代女性不具备社会地位的特点，它是‘败笔’”。请问你如何看待《简·爱》结尾呢？它符合你心中的圆满爱情结局吗？

课　中

一、客观题测试

请根据《简·爱》这篇小说以及课程视频的讲解分析，完成以下单项选择题。

1．《简·爱》是英国 19 世纪著名女作家_______的代表作。

A．艾米丽·勃朗特

B．夏洛蒂·勃朗特

C．安妮·勃朗特

D．玛利亚·勃朗特

2．以下哪一个不是《简·爱》中的人物？_______。

A．贝茜　　B．海伦

C．伊丽莎白　　D．伯莎

3．《简·爱》小说中，阿黛尔是_______。

A．罗彻斯特追求的女子之一

B．罗彻斯特的亲生女儿

C．罗彻斯特收养的女儿

D．罗彻斯特家的女仆

4．下面关于《简·爱》作者的童年生活，不正确的是_______。

A．父亲严苛　　B．母亲早逝

C．被送入寄宿学校　　D．成年前一直寄养在舅妈家里

5．根据慕课中老师的分析，小说《简·爱》的主题是关于________。

A．爱情与婚姻　　B．反抗与斗争

C．囚禁与自由　　D．平等与自由

6．小说《简·爱》巧妙利用了哥特式小说的写法，但是，又颠覆了传统小说写法，最大的不同之处在于________。

A．阴森可怕的环境

B．神秘恐怖的氛围

C．霸道孤独的男主人公

D．小女子拯救大男人

7．小说《简·爱》与《灰姑娘》的共同之处不包括以下哪一项？_____。

A．主人公出身卑微，外表美丽

B．主人公饱受嘲讽和欺凌

C．主人公成长道路艰辛曲折

D．小说结尾扬眉吐气

8．在雷沃德寄宿学校，________下令剪掉了裘莉亚·赛弗恩的头发。

A．谭波尔小姐　　B．艾格尼丝

C．约翰斯　　D．布洛克尔赫斯特

9．简·爱在登报求职文字中自我介绍道："该女士能胜任良好的英国教育所含的普通课科，以及法文、绘画和音乐的教学"，其中哪一项是她最喜爱并擅长的？_______。

A．教书　　B．法文　　C．绘画　　D．音乐

10．简·爱第一次遇见罗彻斯罗时，_______。

A．简是在去帮菲尔菲克斯太太寄信的路上

B．简摔伤了

C．罗切斯特正牵着马散步

D．罗切斯特和简一起骑着马回到了庄园

11．简·爱中途第一次离开桑菲尔德府的原因________。

A．哥哥去世　　B．里德舅妈病危

C．叔叔来信要见她　　D．坦普尔小姐到访

12．简·爱在讲述她在责难和威胁里德太太之后的心情时，她的感受不包括_______。

A．心里像"一块着了火的小森林……而火灭之后成为乌黑焦土"

B．仿佛爱恨交织，不忍放下

C．仿佛芬芳美酒一般……可事后的回味又涩又辣

D．“这种既恨人又被人憎恨的处境之可悲”

13．罗彻斯特精心安排了与英格拉姆小姐的哑剧表演让简嫉妒，再假扮作________试探简的心意。

A．算命先生　　　　B．吉卜赛老妇

C．骑士　　　　D．巫师

14．罗彻斯特的父亲让他和伯莎·梅森结婚的原因不包括_______。

A．罗彻斯特无财产继承

B．梅森家族很富有

C．罗彻斯特与伯莎一见倾心

D．伯莎以美貌著称

15．简·爱在桑菲尔德时，一会儿惹罗彻斯特生气，一会儿抚慰他，这是一件她________。

A．乐意干的事　　　　B．无意中干的事

C．感到痛苦的事　　　　D．苦心谋划的事

16．在简·爱和罗彻斯特的桑菲尔德爱情情节中，下列说法不正确的是_______。

A．有着欲擒故纵的爱情环节

B．有着旁敲侧击的爱情环节

C．有着哥特式的恐怖风格

D．有着为爱情而牺牲自尊的奉献

17．当简·爱听罗彻斯特说起以前的三个情妇，质问罗彻斯特，罗彻斯特说，“花钱买下一个情妇是仅次于买下一个奴隶的坏事情，他们禀性往往较劣……我现在最恨自己回忆起当初跟赛莉娜、嘉辛塔和克莱拉度过的那段时光”，她觉得________。

A．罗彻斯特是真心爱她的，他为她而忏悔

B．罗彻斯特是诚恳的，不会对她说谎

C．罗彻斯特有一天也会以同样鄙视、亵渎的态度来看待她

D．罗彻斯特因此不想让她做情妇，而是想娶她为妻

18．伯莎数次纵火，在慕课中老师分析到了几种隐含寓意，其中不包括________。

A．火跟简•爱愤怒时的内心之火类似

B．伯莎不是真实存在的，是简•爱的白日梦中的形象

C．简•爱借助伯莎间接表达反抗

D．房间里天使般的简•爱跟阁楼里疯人伯莎其实是同一个人，区别在于是否符合男权社会的标准

19．伯莎一把火烧毁了桑菲尔德庄园，自己也死了，这代表的寓意不包括________。

A．简•爱因此获得了平等的身份，可以跟罗彻斯特结婚了

B．套在简•爱和罗彻斯特身上的枷锁得以解除

C．伯莎的死亡也意味着那个反抗的简•爱的消亡

D．伯莎作为反抗的暗线的结束

20．简•爱选择离开桑菲尔德庄园，流浪的主要原因是________。

A．不想成为情妇

B．不想再做家庭教师

C．不再爱罗彻斯特

D．原以为有一份更好的工作

21．在简•爱下定决心离开桑菲尔德和离开罗彻斯特之后，最开始她并不是毫无准备，但是，是________导致了途中她身无分文而流浪。

A．她碰上的马车夫抢走了她的东西

B．她的小包袱忘在了马车上

C．她摔倒在悬崖边，东西全掉下去了

D．路上有人打劫，她和马车夫为了活命把包袱给了劫匪

22．简•爱继承了叔叔留给她的巨额财产________，并执意要和她的表兄妹们一起分享。

A．一万英镑　　B．两万英镑

C．五万英镑　　D．十万英镑

23．表兄圣约翰在去印度传教前向简·爱求婚，是因为________。

A．他爱简·爱

B．简·爱无所归依

C．简·爱拥有巨额遗产

D．他认为简·爱会是一个合格的传教士妻子

24．简·爱离开桑菲尔德和离开罗彻斯特，也拒绝传教士表兄圣约翰的求婚，说明了________。

A．简·爱是一个愤怒的反抗的斗士

B．她不会反对无原则的爱

C．她有很多独立谋生的机会

D．成熟时期的她对不合理婚姻的反抗

25．简·爱几位表兄弟姐妹的结局不符合小说内容的是_______。

A．黛安娜和玛丽·里弗斯都结了婚

B．玛丽的丈夫是位牧师，她哥哥大学里的朋友

C．圣约翰去印度传教

D．三姐妹一年一度要去探望圣·约翰·里弗斯

26．简·爱在离开桑菲尔德后，有一天在冥冥中听见了_______的召唤，于是重返桑菲尔德。

A．罗彻斯特　　B．上帝

C．神灵　　D．内心

27．最后简·爱在_______找到了受伤后的罗彻斯特。

A．沼泽居　　B．芬丁庄园

C．莫尔顿谷　　D．桑菲尔德

28．主人公在小说最后回到罗彻斯特身边之前，按照时间顺序在四个主要地方生活，这四个地方的正确顺序是________。

A．舅妈家里、雷沃德寄宿学校、桑菲尔德庄园、圣约翰家

B．雷沃德寄宿学校、舅妈家里、桑菲尔德庄园、圣约翰家

C. 舅妈家里、圣约翰家、桑菲尔德庄园、雷沃德寄宿学校

D. 雷沃德寄宿学校、圣约翰家、桑菲尔德庄园、舅妈家里

29. 简·爱成年之后，她的力量不包括________。

A. 不屈的、勇于追求自我的心

B. 努力学习积累培养的智慧

C. 等待王子拯救的耐心和毅力

D. 情感细腻、思想深邃、表达力强

30. 在故事的结尾，不对的选项是________。

A. 简·爱把阿黛尔换到了一个没那么严苛的学校读书

B. 罗彻斯特的两只眼睛恢复了视力

C. 简·爱和罗彻斯特有了自己的孩子

D. 圣约翰死在了印度

二、阅读体验分享与问题讨论

（一）阅读体验分

题目见课前设计。

（二）视频问题

1. 英语文学派别中的哥特式小说有什么特点？《简·爱》是否具有哥特式的风格？

2. 你对简·爱这个主人公的初步印象是什么？

3. 为什么《简·爱》这个文本在展现女性在沉默中爆发声音的同时，要努力柔化反抗的力量呢？

4．从今天的眼光来看，罗切斯特向简·爱承诺的远走高飞、长相厮守依然极具诱惑力。简·爱何以能抵制住这种诱惑呢？

5．人生的光源是指引我们前行方向的，也是我们的动力来源。简·爱的光源来自于哪里呢？促进你奋斗上进的动力、你的光源主要来自于哪里呢？

6．很多人不满意《简·爱》的结尾，如译者祝庆英指出："简·爱进入了她本来敌视的贵族资产阶级的行列，和压迫她的社会秩序做了妥协。……全书的现实主义的力量却削弱了。这个结尾不能不说是蛇足。"你如何看待这样的结尾？

7．这个小说的主题是什么呢？

三、现实案例分析

针对课前"现实观照"部分的任务要求，请同学们跟小组一起分享课前收集的现实案例，然后每组推举代表在全班汇报，分析一个最为突出的案例，老师再引导全班进一步拓展。

1．如果你与已婚多金的上司暗生情愫。上司告知你无法与你光明正大地在一起，但是，恳请你做他/她的情人，你会做出怎样的选择？

教师引导：在爱情与道德面前，谁更重要？人是否应该坚持一定的做人底线？通过对基本道德伦理的探求，引导学生树立正确的婚恋观。

2．请讲述身边真实的爱情故事，可以是发生在自己身上，也可以是身边同学、朋友、亲人，甚至父母、祖辈的爱情故事，指出当事人在爱情道路上获得的经验以及遭遇的一些困境和问题。

教师引导：让反思当事人面对困境的态度、方法等带给自己的启示。在爱情的道路中，这些当事人最看重的是什么？他们和简・爱有何异同？

3．你心中的“完美爱情”是怎样的？为达到此目标，你觉得自己应付出怎样的努力？

教师引导：指出“完美爱情”想象中的美好与局限，引导学生通过完善自身来走向美好爱情。

四、方法论引导

1．英国哥特式小说兴起的历史背景是什么？该文类满足了人们的哪些需求？有何局限性？

2．你认为《简・爱》的情节主线是什么？暗线是什么？

3．你发现哪些想知道而文本没有提供内容的空白之处？

4．请查阅女权主义、女性主义相关概念及主要思想，并就其中的某个观点发表自己的看法。表述方式为：某某在什么著作或论文中指出：“……”（最好能标明详细出版信息并精确到页码）。我认为，……我的理由如下：……

五、多角度看问题与伦理引导

1．改写与表演

（1）简·里斯（Jean Rhys）写的《藻海无边》是对《简·爱》的著名改写，其主人公安托瓦内特对应《简·爱》中的伯莎。请以《藻海无边》为基础，改写《简·爱》中有伯莎出现的场面，为伯莎配上声音，让她有为自己发声的机会。改写后将这些场面表演出来。

（2）《简·爱》中有一个看守伯莎的神秘管家。请以她的旁观视角出发设计一个场景，展现她如何看待这个家里的女主人伯莎、男主人罗切斯特和外来者简·爱，并表演出来。

2．改写与配音

请模仿文本中简·爱对罗彻斯特宣扬自尊自立的片段，为伯莎写一段话，让她自己表达出对罗切斯特的抗议，并模仿简·爱的话进行配音。

3．辩论与写作

（1）《简·爱》情节发展到后面，简·爱突然获得一笔巨额遗产后与罗切斯特重聚并结婚。你认为这样的情节是否合理。

正方：我认为这一情节合理。（理由有很多。如，当时阶级等级观念依然森严，即便不是贵贵联姻，也须是富贵联姻，而简·爱没有自己挣到巨额财产的机会）

反方：我认为这一情节不合理。（理由有很多。如，这是简·爱的“女主角光环”，从而损失情节合理性与真实性，等等）

（2）延展讨论与写作：如果你认为这一情节不合理，请为简·爱续写一个新的结局。

课　　后

文本拓展

1．《木兰辞》讲述的花木兰替父从军的故事在中国家喻户晓。木兰的选择超越了传统社会定义的女性形象，打破了社会束缚，极大地发挥了女性的潜力。其故事还被迪斯尼拍成了在国际上广受欢迎的电影。请比较木兰、《项链》女主人公、《简·爱》女主人公之间的异同，以及该故事的中国版本和迪斯尼改编故事的异同。

2．《孔雀东南飞》《罗密欧与朱丽叶》和《简·爱》都涉及爱情与自由的关系，他们反映出怎样的文化差异？

3．请讲述让你印象深刻的某个文学作品或影视作品中的爱情故事，它对你的爱情观念产生什么影响？

第四讲 《堪萨斯》：自我、记忆与向善

课 前

一、阅读体验

1．你是否之前读过类似于《堪萨斯》结构的作品？

2．你对小说的哪部分内容印象深刻？为什么？

3．请给文中反复出现的同一场景的不同情况给一个小标题。

4．如果你是小说中的男主人公，当你上车看到农夫身边的枪时，你的反应和主人公会有何异同？

5．请看完教学视频或教材上的文本分析，然后对比视频或教材上的观点和自己的阅读体验有何不同。你还有哪些疑问？

二、现实观照

1．你是否亲身经历过或见证过校园霸凌事件？如果是参与者，你认为自己当时的行为是勇敢还是鲁莽？你认为勇敢与鲁莽之间有何关系？如果是旁观者，当时有何作为？为什么？事后你有什么反思吗？请详细描述一下。

2．请了解 2006 年南京彭宇案、佛山小悦悦事件、梁娅事件，分析各类“扶不起”事件及碰瓷现象产生的可能原因及后果。

3．你是否曾经因为做过或者没有做过某些决定而感到愧疚过？为什么？如果给你重新来过的机会，你觉得你还会那样选择吗？

课　中

一、客观题测试

请根据《堪萨斯》这篇小说以及课程视频的讲解分析，完成以下单项选择题。

1. 以下关于农夫妻子的描述是不符合原文的：________。

A. 贤妻良母　　B. 红杏出墙

C. 自私自利　　D. 乐于享受

2. 以下关于农夫的描述是不妥当的：________。

A. 心地善良

B. 不修边幅

C. 心狠手辣

D. 脖子上长了一个红红的疖子

3. 农夫为何会停下车来搭上男孩？下列说法不正确的是________。

A. 农夫本性善良，乐于助人

B. 农夫内心并不真正想去杀人，男孩的出现正好可以延缓他的行动

C. 农夫可以向男孩打探追杀目标的踪迹

D. 农夫希望有人旁观他的复仇过程

4. 农夫脖子上长的红红的疖子象征了什么？________。

A. 疖子象征了他是一介莽夫

B. 疖子象征了因妻子背叛而起的心结

C. 疖子象征了他的性格犹豫不决

D. 疖子象征了他的紧张不安

5. 男孩在这个夏天的梦想是？________。

A. 要去暑期班练习钢琴

B. 要在纽约的卡内基大厅表演钢琴独奏

C．要去更远的地方发挥钢琴才能

D．要在俄克拉荷马大学过完暑假

6．当农夫将要杀人之事告知男孩，并问男孩“如果你碰上这种恶事，你会怎么做”时，男孩的反应是________。

A．男孩回答说他不知道

B．男孩回答说他会去报警

C．男孩回答说他会原谅他们

D．男孩什么也没有说

7．男孩经历搭车事件，得知农夫有杀人计划后，他的心理状态是________。

A．平静　　B．很害怕

C．很漠然　　D．很兴奋

8．男孩最初的梦想是成为一名钢琴师，但他最终成为一名________。

A．牧师　　B．教师

C．医生　　D．会计师

9．男孩职业的转变暗示了________。

A．男孩一生居无定所

B．男孩学业不精，求职困难

C．男孩需要花更多的时间来思考和应对搭车这件事给他带来的思想影响

D．男孩并不适合练钢琴

10．小说后半部分模拟了男孩搭车事件有可能出现的________种可能的结局。

A．4　　B．3

C．2　　D．1

11．最后一个场景“男孩努力劝说但失败，挡在农妻面前被农夫误杀”体现了主人公________的自我形象。

A．失败的旁观者

B．理想的劝说者

C．可耻的背叛者

D．可敬的英雄

12．搭车事件之所以对男孩产生如此重大影响的原因不包括________。

A．这是一件人命关天的事件

B．这是一件悬而未决的事件

C．男孩自身的道德干预

D．男孩丰富的想象力

13．搭车事件为何能成为男孩一生挥之不去的心结？慕课中提到的原因不包括________。

A．男孩没有和人就此事进行深入的交流

B．男孩通过不断回忆使得该事件在心中进一步发酵

C．男孩的性格犹豫不决，优柔寡断

D．男孩的内心被人的社会属性、自我良知不断审判

14．文章结尾“此后一连好多天，那个闪光的拉链拉起的画面在他（大儿子）脑中不断重现”的含义是________。

A．大儿子可能对父亲有某些愧疚，父亲之死让他感觉无法弥补了，因此，成为心结

B．大儿子对父亲的离去非常悲痛

C．大儿子被父亲的死吓到了

D．大儿子没有经历过死亡，不知所措

15．作者斯蒂芬多宾斯不是________。

A．诗人

B．小说家

C．剧作家

D．大学教授

16．堪萨斯是位于美国________的一个州。

A．东部　　　　　　　　　　B．西部

C．南部　　D．中部

17．小说故事发生在________。

A．1900年代

B．1930年代

C．1960年代

D．1990年代

18．当时，美国的形势不包括以下________。

A．纽约股市暴跌

B．失业率高

C．大干旱

D．淘金热

19．“我们记住了什么，我们就会成为什么样的人。”下面不符合该说法的现象是________。

A．人有悲欢离合，月有阴晴圆缺

B．他在有了儿子后，逐渐回忆起父亲对他的呵护，不再恨他父亲

C．他只记得别人对他不好的地方，充满负能量

D．她乐呵呵的，喜欢把人生的精彩瞬间做成精彩的项链挂在心上

20．关于本文的主题可解读，下列说法慕课中没有提到的是________。

A．一个人不是只为他自己而活，同时也为他人而活

B．人的自我建立在与他人的关系上

C．人在危急时刻应明哲保身

D．每个人都要接受道义的审判和良知的拷问

二、阅读体验分享与问题讨论

（一）阅读体验分享

题目见课前设计。

（二）视频问题

1．假设你当时正好经过梁娅身边，你觉得你当时最可能做出何种反应？请思考五秒钟并做出回答。

2．你能理解梁娅事件中的路人的行为吗？如果能，请站在这些路人的立场，解释他们无作为的可能原因。

3．你认为农夫是怎样的一个人？

4．知道了农夫是带着枪去追杀他的妻子和其情人之后，男孩是如何反应的？他的反应给他自己造成了怎样的后续影响？

5．男孩为什么念念不忘搭车事件并深受其影响？

6．男孩后来并没有成为音乐家，而是成为教师，而后又成为牧师。教师和牧师这两种职业有何异同，在小说中有什么寓意？

7．他所想象的 A、B、C、D 四种结局分别对应的是不同的自我形象。请思考四种结局对应的自我形象是什么？

8．四个场景的特点是否有特定的排序理由？

9．如果我们是《堪萨斯》中那个搭车的男孩，我们要采取哪些措施来影响农夫呢？你如男孩那样下车走人，之后如何办更好呢？

三、现实案例分析

针对课前“现实观照”部分的任务要求，请同学们跟小组一起分享课前收集的现实案例，然后每组推举代表在全班汇报，分析一个最为突出的案例，老师再引导全班进一步拓展。

1．你是否亲身经历过或见证过校园霸凌事件？如果是参与者，你认为自己当时的行为是勇敢还是鲁莽？你认为勇敢与鲁莽之间有何关系？如果是旁观者，当时有何作为？为什么？事后你有什么反思吗？请详细描述一下。

教师引导：鼓励和真诚感谢亲历校园霸凌的学生的经验分享，安抚其情绪，引导全班进一步探求解决之路。

2．请了解 2006 年南京彭宇案、佛山小悦悦事件、梁娅事件，分析各类“扶不起”事件及碰瓷现象产生的可能原因及后果。

教师引导：可重点展现 2006 年南京彭宇案的媒体报道、双方当事人以及民众心理所受到的巨大影响、最后真相披露时的少有关注。同时可联系 2019 年为扶被撞老人遇二次车祸的广西柳州女孩卢明华的事迹。引导学生思考怎样才能减少“见忙不帮”、促进“见义勇为”、提升公民素质？

3．你是否曾经因为做过或者没有做过某些决定而之后感到愧疚过？为什么？如果给你重新来过的机会，你觉得你还会那样选择吗？

教师引导：重点引导学生思考是否可以采取减少遗憾的措施，并鼓励放下过去，展望未来。

四、方法论引导

1．《堪萨斯》的结构和《竹林中》的结构有何异同？产生怎样不同的阅读效果？

2．向学生介绍“可能世界”理论。

3．如何理解小说最后的结尾？和主题有何关系？

4．创意小小说写作

分小组进行创意小小说写作研讨，要求采用《堪萨斯》类似的结尾方式，针对同一事件写出可能的不同的结局。在课堂上要求小组画出能体现小说思路的情节图。课后小组成员单独完成一篇完整的小小说。

五、多角度看问题与伦理引导

1．问卷调查

请就“在突发情况发生时，路人的反应”为主题设计一份问卷调查。其活动步骤如下。

（1）设置与主题相关问题 5～8 个；

（2）在班级范围内或网络平台（如“问卷星”）展开问卷调查，收集数据；

（3）分析数据，形成问卷调查报告；

（4）将问卷调查报告在班级内做课程陈述；

（5）观众就陈述报告提问、点评；

（6）教师总结此次活动。

2．表演

请 1 个小组表演 2014 年马年春晚小品《扶不扶》（1 个组，15 分钟），可以基于原作品进行创意改编。

课　后

一、文本拓展

2018 年 9 月 3 日，浙江大学陈发动与美国俄亥俄州立大学助理教授 Ian Krajbich 合作在自然科学顶级刊物 Nature Communications 上，发表了题为 “Biased sequential sampling underlies the effects of time pressure and delay in social decision making” 的研究论文，系统探讨了关于人类合作（亲社会）行为背后的认知机制，并引发学术界的热议。请阅读相关文章及报道。

二、小组行动实验

小组自行设计一个行动实验，检验陌生人是否会出手帮忙。注意实验要在安全的环境下进行。小组在行动之前，必须将行动设计先发给老师审核。如果希望有更多同学参与，还可主动将自己的设计分享给其他小组。每个小组在行动实验结束后向全班汇报实验结果。

三、采访与写作

1．采访

采访亲朋好友的遗憾往事，并共同探讨是否有挽救的方式，提交 500 字的采访报告。

2．写作

请基于课堂上小组讨论完成的小小说情节图，独立完成小小说创作。

第五讲 《了不起的盖茨比》：梦想的力量与方向

课 前

一、阅读体验

1．看完《了不起的盖茨比》小说或电影后，你对盖茨比印象如何？请用至少三个词语来描述他。

2．你对小说中的三位女性人物有何看法？是否能找到她们身上的优点？

3．小说哪些地方让你印象深刻或难以理解？

4．你觉得盖茨比是不是为了所爱之人而抛弃一切？他和简·爱对待爱情的方式有何异同？

5．请看完教学视频或教材上的文本分析，然后对比视频或教材上的观点和自己的阅读体验有何不同，你还有哪些疑问？

二、现实观照

1．收集并讲述身边现实生活中为梦想而奋斗的故事。故事中的他们成功还是失败了？请分析总结其原因。

2．传记类作品往往勾勒了某一个人的追梦轨迹。你曾经读过什么传记类作品？其中的哪些事件或观点打动了你？

3. 假设你正参与一场梦想交流会，为了让别人对你的梦想故事感兴趣，从而吸引梦想导师的注意（你可能从梦想导师那里得到宝贵的意见和建议、合作者甚至投资者等），请为你的梦想故事设计一个吸引人的题目和一张海报，该海报内容包括以下几点：（1）你的梦想的特色、意义，能否和人类的梦想、中国的梦想和这一代人的梦想相结合；（2）你计划如何实现；（3）有哪些困难。以 PDF 的形式提交作业。

课　中

一、客观题测试

请根据《了不起的盖茨比》这篇小说以及课程视频的讲解分析，完成以下单项选择题。

1. 盖茨比的故事是通过________讲述的。

A．尼克　　B．黛西

C．菲茨杰拉德　　D．乔丹

2．尼克从中西部到纽约学习________。

A．药材生意　　B．地产生意

C．贩酒生意　　D．债券生意

3．关于尼克第一次去盖茨比家参加宴会，以下说法不对的是_______。

A．尼克是少数几个真正接到请帖的客人

B．大多数客人不请自来

C．盖茨比邀请尼克到图书室单独交谈，并邀请他第二天一起乘水上飞机

D．宴会上流传着关于盖茨比的种种谣言

4．尼克对盖茨比的印象经历了________一系列变化。

A．怀疑—感动—宽容—敬仰

B．厌恶—认可—感动—敬仰

C．鄙视—怀疑—接受—敬仰

D．同情—宽容—感动—敬仰

5．从尼克对威尔逊夫妇的描述中，可以看出他是以_______的态度看待底层民众。

A．轻蔑　　B. 同情　　C. 平等　　D. 厌恶

6．盖茨比的真名是________。

A．杰克·盖茨　　B．詹姆斯·盖茨
C．汤姆·盖茨　　D．亨利·C·盖茨

7．盖茨比住在________。

A．东卵　　B．西卵
C．曼哈顿　　D．纽约

8．使得盖茨比人生机遇首次发生逆转的人是________。

A．黛西　　B．尼克
C．丹·科迪　　D．迈耶·沃尔夫山姆

9．盖茨比是如何发家的？

A．走私军火　　B．开假药店
C．继承黑社会老大遗产　　D．贩卖私酒

10．盖茨比养成了________的习惯。

A．酗酒　　B．不沾酒
C．喝烈酒　　D．喝葡萄酒

11．盖茨比的个人戒条将这一人物形象刻画成________。

A．一个刻板的人　　B．一个勤奋的人
B．一个保守的人　　D．一个逐梦的人

12．盖茨比失败的原因不包括哪一项？________。

A．社会阶层壁垒的固化
B．非法追求财富的手段
C．黛西的变心
D．错误的梦想

13．盖茨比最后死于________之手？

A．黛西　　B．汤姆
C．威尔逊　　D．沃尔夫山姆

14．作者选择让主人公盖茨比在小说最后死去。根据慕课中老师的分析，这样做的原因不包括________。

A．他希望在追梦的美妙状态中沉醉并逝去

B．他对主人公怀有悲悯之心

C．他想以此揭露和批判上层统治阶级的虚伪和冷酷

D．他认为梦想的幻灭比死亡更残酷

15．关于黛西夫妇，以下描述不对的是________。

A．他们家住东卵

B．黛西是尼克的远房表妹

C．汤姆有过多次婚外情

D．汤姆曾经是一名出色的高尔夫球运动员

16．黛西与汤姆的孩子叫________。

A．小黛西　　B．贝克

C．帕咪　　D．作者未告知

17．黛西邀请尼克和盖茨比到她家做客，关于那天下午发生的事以下说法不对的是_______。

A．那是一个炎热的夏日

B．在黛西的提议下他们去了纽约

C．汤姆和盖茨比发生了激烈的争吵

D．黛西承认她从未爱过汤姆

18．故事的高潮部分是在________的时候。

A．尼克应邀参加盖茨比家的豪华派对

B．黛西承认了她和盖茨比之间的暧昧，引起汤姆和盖茨比的冲突

C．盖茨比被威尔逊开枪杀死

D．盖茨比的葬礼举行

19．黛西开着盖茨比的车撞死了汤姆的情妇，盖茨比的车是什么颜色？________。

A．红色　　B．白色

C．黄色　　D．蓝色

20．在盖茨比去世之后，除了尼克和盖茨比的父亲，还有______来参加了他的葬礼。

A．黛西　　B．贝克
C．戴猫头鹰眼镜的人　　D．沃尔夫山姆

21．黛西对盖茨比的死________。

A．伤心难过　　B．无动于衷
C．开心不已　　D．作者未直接告知

22．黛西是物化的美国梦的象征，为了突出她的魅力作者着重描写了她的________。

A．眼睛　　B．声音
C．动作　　D．语言

23．________代表了美国的下层社会。

A．盖茨比　　B．汤姆
C．梅朵　　D．贝克

24．小说里三个女性人物，黛西、贝克和梅朵的共同点是________。

A．女人味十足　　B．嫌贫爱富
C．以自我为中心　　D．精神空虚

25．整部小说共有________章。

A．6　　B．7　　C．8　　D．9

26．小说背景设置在________的美国。

A．1900 年代　　B．1920 年代
C．1940 年代　　D．1960 年代

27．这是一个充满喧嚣的时代，以下描述不对的是________。

A．禁酒令颁布
B．爵士乐流行
C．经济大萧条
D．房地产泡沫兴起

28．小说设置的背景之一为禁酒令的实施。关于禁酒令实施的原因，下列说法不正确的是________。

A．从宗教角度看，美国的清教徒崇尚俭朴节制的生活，希望能用法

律约束贪杯之人

B．从经济角度看，酿酒会消耗大量粮食，因此，被要求禁止

C．从社会角度看，酒被看成是导致懒惰和犯罪的根源，因此，被倡导禁止

D．从家庭角度看，酗酒造成很多家庭暴力，因此，被呼吁禁止

29．小说作者菲茨杰拉德是20世纪美国著名作家，关于他的描述下面不正确的是________。

A．他参加了“一战”，并担任战地记者

B．小说《天堂的这一边》令他一举成名

C．他的妻子是一个来自上层社会的富家千金

D．他英年早逝

30．菲茨杰拉德将自我的人格一分为二，分别附着在盖茨比与________这两个人物身上。

A．汤姆　　B．戴猫头鹰眼镜的人

C．尼克　　D．黛西

二、阅读体验分享与问题讨论

（一）阅读体验分享

题目见课前设计。

（二）视频问题

1．你的梦想是什么？你所理解的中国梦是什么？你所理解的美国梦是什么？

2．请你判断下面这句话描述的是中国梦还是美国梦。这句话是：“共同享有人生出彩的机会，共同享有梦想成真的机会。”

3．根据你自己对前面两个问题的回答，比较分析你的梦想和中国梦之间的有什么相通之处？

4．盖茨比真如尼克所说的那般伟大吗？尼克的话是否完全可信？你能否发现尼克话语中的破绽？

5．如果我们可以认为：菲茨杰拉德将自己的人格一分为二，分别附在盖茨比和尼克这两个人身上；盖茨比代表追梦过程中的激情浪漫的自我，而尼克代表梦醒后的理性冷静的自我。你认为自己属于哪种类型呢？你更喜欢哪一种呢？

6．小说标题用 great 来形容盖茨比。在意识到尼克的立场和判断并不可靠之后，你认为盖茨比伟大吗？

7．盖茨比失败的原因是什么？

8．你有什么样的人生梦想？

三、现实案例分析

针对课前“现实观照”部分的任务要求，请同学们跟小组一起分享课前收集的现实案例，然后每组推举代表在全班汇报，分析一个最为突出的案例，老师再引导全班进一步拓展。

1．收集并讲述身边现实生活中为梦想而奋斗的故事。故事中的他们成功还是失败了？请分析总结原因。

教师引导：分析时总结其中的经验教训，注意与盖茨比进行比较。

2．传记类作品往往勾勒了某一个人的追梦轨迹。你曾经读过什么传记类作品？其中的哪些事件或观点打动了你？

教师引导：和盖茨比进行比较，分析传记主人公的得失与历史地位。

3．假设你正参与一场梦想交流会，为了让别人对你的梦想故事感兴趣，从而吸引梦想导师的注意（你可能从梦想导师那得到宝贵的意见和建议、合作者甚至投资者等），请为你的梦想故事设计一个吸引人的题目和一张海报。该海报内容包括以下几点：（1）你的梦想的特色、意义，能否和人类的梦想、中国的梦想和这一代人的梦想相结合；（2）你计划如何实现；（3）有哪些困难。请以 PDF 的形式提交作业。

教师引导：从文字、图片、排版等方面进行点评，考虑语言精练度、设计美感、目标吸引度、可行性等。

四、方法论引导与训练

1．如何理解小说的结尾？它和主题有何关系？

2．为何我们在阅读的过程中对盖茨比的印象越来越好？对他的悲惨结局满怀同情？这种阅读效果和小说的视角选择有何关联性？

五、多角度看问题与伦理引导

1．辩论

题目：盖茨比是否伟大？

可以小组辩论，也可以全班辩论。

2．换位思考与情商训练

请站在小说边缘和底层人物威尔逊的视角，将他出现的数个场景改写成一个短剧，揭示美国梦对于底层人的虚幻性，并表演。

课 后

文本拓展

1．请阅读《人类简史》和《未来简史》，分析人类在不同阶段有着怎样的梦想？又是如何实现或将如何实现？人类如何因梦想而向前发展？人类在追求梦想的过程中有哪些迷失方向的案例？可以请一个小组进行深度分析并做 PPT 汇报。

2．在路遥的小说《平凡的世界》里面，男主人公孙少安有怎样的梦想？请对比分析孙少安和盖茨比这两个人物。

3．观看电影

请观看电影《无问西东》，并写观后感，尽量与关于梦想的主题结合起来。可以每组共同讨论并做 PPT，下次课请一位同学上台汇报。

4．行动规划

请结合视频学习、小组讨论和课堂讨论、视频电影观看等，追问自己曾经的梦想是什么？你是否依然坚持走在实现它的道路上？并拟定一份“个人生涯规划书”，拟定出你的个人生涯大目标和阶段性的小目标，以及实现这些目标的条件、方法和手段等，尽量地具体化，越具体越具有可操作性。

第六讲 《朗读者》：在历史的重负中前行

课　前

一、阅读体验

1. 小说哪些地方让你印象深刻或难以理解？

2. 你认为米夏与汉娜之间是否存在真正的爱情？如果是，你觉得他们的真正爱情是怎样产生的？如果不是，你心中的真正爱情的标准是什么？

3. 如果你是米夏，你在知道了汉娜的集中营看守身份以及她的罪行后，你会怎么做？你对小说中的米夏的相关选择有何看法？

4. 请看完教学视频或教材上的文本分析，然后对比视频或教材上的观点和自己的阅读体验有何不同，你还有哪些疑问？

二、现实观照

1. 你觉得爱情或者婚姻对你来说，对方的年龄是否很重要？为什么？

2. 当你与前男友/前女友意外重逢并得知对方目前正处于困境，你会竭尽所能去帮助他/她吗？为什么？

3. 第二次世界大战后，日本和德国在反省战争方面有何不同表现？带来怎样不同的结果和影响？

4. 请查找关于忏悔与宽恕的现实案例，并做出自己的点评。

课　中

一、客观题测试

请根据《朗读者》这篇小说以及课程视频的讲解分析，完成以下单项选择题。

1．小说一开始，年龄相差_______岁的男女主人公之间展开了一段惊世之恋。

A．10　　B．15　　C．21　　D．27

2．汉娜对少年米夏的爱让他忆起了自己的_______。

A．初恋女友　　B．母亲

B．姐姐　　D．老师

3．当汉娜得知米夏因与她约会而逃学时，她表现得非常_______。

A．无所谓　　B．高兴

C．生气　　D．难过

4．为了和汉娜出游筹钱，米夏卖掉了_______。

A．自行车　　B．集邮册

C．妈妈的戒指　　D．书

5．米夏的父亲是一位_______。

A．哲学教授　　B．文学家

C．律师　　D．牧师

6．当初汉娜跟米夏不辞而别的主要原因是_______。

A．汉娜和米夏的关系遭人非议

B，汉娜去应聘集中营看守的工作

C．汉娜过着居无定所的生活，过一段时间就习惯性换一个地方

D．电车公司打算提拔汉娜，汉娜不愿意

7．当汉娜跟米夏不辞而别之后，米夏表现得非常_______。

A. 无所谓　　B. 高兴
C. 生气　　D. 难过

8. 八年之后两人在法庭上重逢时，米夏成了一名________，而汉娜则因为担任________期间犯下罪行而成为被告。

A. 法官　纳粹看守
B. 法学院学生　电车售票员
C. 法学院学生　纳粹集中营看守
D. 法学院教授　西门子公司工人

9. 在审判中，汉娜承认了本不属于她的主犯罪名，主要因为________。

A. 她为自己所犯下的罪行感到深深的悔恨
B. 她受到其他罪犯的逼迫陷害
C. 她不想连累别人
D. 她不想暴露自己的文盲身份

10. 汉娜在审判中反问了法官一个问题，全场惊愕。这个问题是________。

A. 作为看守，我不应该维持秩序吗
B. 如果我在西门子继续工作，是不是就会好一些
C. 如果是你，你会怎么做呢
D. 难道维持秩序不是我的职责吗

11. 米夏发现他可以帮助减轻汉娜的罪行，但是，他却非常犹豫。后来他向________请教了这一问题。

A. 老师　B. 律师　C. 法官　D. 父亲

12. 汉娜被判重罪而入狱，下面不正确的是________。

A. 服刑期间，米夏一直给汉娜写信
B. 服刑期间，米夏一直给汉娜寄朗读磁带
C. 服刑期间，汉娜学会了识字
D. 服刑期间，汉娜阅读了很多关于纳粹的书籍

13. 汉娜自杀，摧毁她的最后一根稻草是________。

A．米夏不能重新接受她

B．将要面对的陌生的新生活

C．受害者家属的不原谅

D．认识到自己的无用

14．电影中，汉娜在狱中自杀时是踩在________。

A．米夏寄给她的磁带上

B．出狱通知单上

C．自己的衣物上

D．书上

15．当米夏将汉娜的遗物送给火灾中的幸存者时，那位幸存者留下了遗物中的________。

A．茶叶罐　　B．现金

C．书　　D．支票

16．每一个民族都有其不堪回首的黑暗历史，以下不属于此类的是________。

A．苏联大清洗

B．美国黑人奴隶制

C．日本明治维新

D．德国纳粹屠杀犹太人

17．关于小说《朗读者》，以下描述不正确的是________。

A．其作者是德国法律教授、法官及小说家本哈德·施林克

B．该书是第一本登上《纽约时报》冠军的德语书籍

C．该书于 1955 年在德国出版，广受好评，一举登上国内畅销书排行榜榜首

D．根据该小说拍摄的同名电影获得了金球奖和奥斯卡金像奖

18．作者设计这样一段年龄相差悬殊的忘年恋有其深刻的含义，其中不包括________。

A．象征着德国“二战”一代和“战后”一代之间的关系

B．象征着德国“二战”一代和祖国母亲之间的关系

C．隐喻了希特勒和他的追随者们之间的关系

D．体现了恋母情结

19．关于“平庸之恶”说法不正确的是________。

A．由犹太裔政治思想家汉娜·阿伦特提出来的

B．指意识形态机器下无条件服从命令

C．指平庸之人犯的错

D．常常出现在放弃个人的思考和判断的情况下

20．作者将汉娜的身份设置成文盲，主要目的是________。

A．解释她为何成为杀人机器中的一员

B．讽刺德国人总体教育水平低

C．隐喻在德国纳粹的统治之下德国民众被重新洗脑

D．为她和米夏的爱情设置障碍

21．有关《朗读者》一文的主题，下列说法不正确的是______。

A．该文反映的是德国“战后”一代对民族黑暗历史的思考

B．该文着力体现的是少年与中年女性的一段忘年之恋

C．该文呈现的是德国“战后”一代对“二战”一代的质疑

D．该文体现了德国“战后”一代渴望摆脱历史的耻辱感

22．关于米夏离婚的原因，以下说法正确的是________。

A．妻子有了外遇

B．米夏有了外遇

C．米夏一直忘不了汉娜

D．两人没有孩子

23．慕课中，关于标题朗读者有多种解读，其中不包括以下哪种？________。

A．米夏为汉娜朗读

B．汉娜在狱中阅读，自己成长为读者

C．汉娜为狱中的女囚朗读

D．我们成为米夏讲述故事的读者

24．下列关于联邦德国清算纳粹的历史史实，哪一项是正确的？________。

A．20 世纪 40 年代末，德国国内自发对纳粹高层进行清算

B．20 世纪 40 年代末 50 年代初，纳粹头目得到了严厉的惩罚

C．20 世纪 60 年代后期，纳粹历史中的小人物是被审判的重点

D．20 世纪 90 年代后，纳粹时期中的小人物进入被批判的视野

25．对汉娜这样的小人物审判的意义，下列说法不正确的是________。

A．让大众以此参照自身，进行自我反思

B．寻找替罪羊承担历史罪责

C．让对纳粹的审讯从公共领域进入私人领域

D．使得一个民族走向更健康的自我救赎

26．对于普通人易犯“平庸之恶”的原因，下列说法不正确的是______。

A．他们认为自己只是在执行岗位职责

B．他们认为自己所受教育不够

C．他们认为没有其他人来纠正他

D．他们认为自己很平庸，即使犯错，也无伤大雅

27．对于民族黑暗历史的不同处理方法，下列说法正确的是_______。

A．民主德国（东德）采取的是重新阐释法

B．联邦德国（西德）采取的是积极反思法

C．美国采取的是禁忌法

D．日本采用的是断离法

28．背负历史重负的民族健康前行的必要条件是________。

A．爱与宽容

B．追问责任人及后代

C．互相批评

D．忘掉痛苦的记忆

29．从心理学层面讲，“平庸之恶”与________紧密联系在一起。

A．人性本恶　　B．从众心理

C．教育程度　　D．外界干扰

30．德国“战后”一代背负的两种罪感是________。

A．私人罪感与公共罪感

B．历史罪感与羞耻罪感

C．共谋罪感与服从罪感

D．从众罪感与遗忘罪感

二、阅读体验分享与问题讨论

（一）阅读体验分享

题目见课前设计。

（二）视频问题

1．米夏和汉娜之间相差21岁的恋情有何寓意？

2．为什么要将汉娜设为的一个文盲？汉娜为什么不惜一切代价隐瞒自己的文盲身份呢？

3．汉娜属于典型的弱势和边缘群体。让她这样的人成为历史的替罪羊是不是太残忍？对汉娜这样的纳粹时期的小人物的审判有何意义？

4．为何小说最后要让汉娜自杀？

5．你认为汉娜应该得到原谅吗？

6．纳粹德国体现了一种让人性扭曲的现代政治机制。在这种机制下，人与自然、人与自我、人与他人和谐一体的状态被彻底破坏。那么，拯救之路在何方？

三、现实案例分析

针对课前“现实观照”部分的任务要求，请同学们跟小组一起分享课前收集的现实案例，然后每组推举代表在全班汇报，分析一个最为突出的案例，老师再引导全班进一步拓展。

1．你觉得在爱情或者婚姻中，对方的年龄是否很重要？为什么？

教师引导：年龄差距过大时，双方是否有真爱？分析双方各自可能的心理动机，并结合现实社会中的老夫少妻或老妻少夫的案例进行分析。

2．当你与前男友/前女友意外重逢并得知对方目前正处于困境，你会竭尽所能去帮助他/她吗？为什么？

教师引导：分析重逢时的心理状态及可能做出的选择对人生的影响。

3．第二次世界大战后，日本和德国在反省战争方面有何不同表现？带来怎样不同的结果和影响？

教师引导：分析两国选择的原因及国内外影响。

4．请查找关于忏悔与宽恕的现实案例，并做出自己的点评。

教师引导：分析真正的忏悔包括哪些条件，了解中外的宽恕文化，讨论宽恕与不宽恕的选择权利及后续影响。

四、方法论引导

1．你是否认为这是一部关于对战争的反思的著作？如果是，作者在文本里用了不少篇幅对男女主人公的爱情进行描写，你是否觉得这是多余甚至是偏题的？为什么？

2．这本小说如果选择以汉娜为叙述者会有怎样的变化？作者选择属于“战后”的一代米夏的视角来叙述故事有何深意？

3．你认为米夏在与汉娜相恋与汉娜入狱后的两个不同阶段分别扮演了什么角色？这样的不同角色表现了怎样的小说主题？

4．朗读或阅读的行为如何贯穿整个小说？谁是朗读者或阅读者？

五、多角度看问题与伦理引导

1．辩论

（1）汉娜是否应该被宽恕？

（2）汉娜除了自杀，是否还有别的出路？

辩论之后，可以在全班同学中深化辩论，请同学们自由发言支持某一方的观点或者反驳另一方的观点。

2．换位思考与行动

假设你是一个文盲，你当下的生存境况会怎样？会遭遇哪些不便？信息化时代出现了“数字文盲”这一新现象。请了解这一新群体的生存困境，并设计一个帮助他们的项目。

课 后

一、文本拓展

1．汉娜在狱中学会了认字后，看了很多关于纳粹的书，因此，认识上发生了很大的变化。小说并没有对她的阅读过程与心灵的变化展开描写。请你根据她可能的阅读书目线索亲自阅读一两本相关的书后，想象和补写她的阅读心路历程。

2．弗洛里安·亨克尔·冯·多纳斯马尔克执导的电影《窃听风暴》(2006)获 2007 年第 79 届奥斯卡金像奖最佳外语片。该片讲述一个东德特工如何在事无巨细地监听一名作家的过程中感受到真善美，并因此获得精神升华的故事。请观看该片并写一篇读后感，努力和《朗读者》进行对比分析。

二、从思想到行动

请调查我国当下的初中入学率以及你所在地区的初中入学率，并找一个地方去支教或当义工，努力和孩子们分享读书的乐趣。

第七讲　诗歌之美与诗意之存在

课　前

一、阅读体验

1. 你在阅读外国诗歌的时候，感觉自己面临哪些困难？

2. 请看完教学视频或教材上的文本分析，然后对比视频或教材上的观点和自己的阅读体验有何不同，你还有哪些疑问？

二、现实观照

1. 请回忆你人生中感觉最有诗意的瞬间，并尝试为此配上诗词，诗词可以是自己的独创，也可以是引用。

2. 你在哪些生活场景中见过人们用诗歌表达自己？你是否觉得在现代社会，诗歌已成为一个小众阅读体裁，即将没落甚至消失？

课　中

一、客观题测试

请根据课程视频的讲解分析选择正确答案（单选题）。

1．以下汉乐府民歌《上邪》中用了_____种诗人认为不可能的自然现象。

上邪！我欲与君相知，长命无绝衰。山无陵，江水为竭，冬雷震震，夏雨雪，天地合，乃敢与君绝！

A．5　　B．4　　C．3　　D．2

2．罗伯特·彭斯的诗《一朵红红的玫瑰》中的意象不包括________。

A．红红的玫瑰　　B．动听的旋律

C．灿烂的星星　　D．生命的沙漏

3．英国著名玄学派诗人 John Donne 在 A Valediction，Forbidden Mourning 一诗中运用________ 的意象比喻坚贞的爱情。

A．玫瑰　　B．圆规

C．月亮　　D．夜莺

4．In the Station of the Metro《在地铁车站》一诗是著名意象派诗人________的代表作。

A．约翰·济慈　　B．威廉·卡罗斯·威廉斯

C．T. S. 艾略特　　D．埃兹拉·庞德

5．美国诗人 E. E. Cummings 的诗“L（a”最有特色的是很好地体现了诗歌的________。

A．意象之美　　B．编排之美

C．音乐之美　　D．语言之美

6. 歌曲《友谊地久天长》出自________著名诗人罗伯特·彭斯的诗 Auld Lang Syne。

A．英格兰　　B．苏格兰

C．爱尔兰　　D．美国

7．诗歌的音乐性体现在几个方面，其中不包括以下哪一项？________。

A．节奏　　B．押韵

C．拟声　　D．分行书写

8．关于罗伯特·彭斯的《一朵红红的玫瑰》，以下分析不太合理的是________。

A．这首诗里的优美意向包括红红的玫瑰、动听的旋律、四海枯竭、岩石化裂等等

B．这首诗和《上邪》一样，用了多个与时间相关的意向来表达爱情的生死不渝

C．中国文学中经常用“生命的沙漏”这种意向来代替“滴答滴答”以表现时间的流逝

D．这首诗是运用意向而达到诗学、美学效果的典范

9．以下关于“意象派”的说法不正确的是________。

A．埃兹拉·庞德是“意象派”的早期领袖

B．“意象派”深受东方诗歌艺术的影响，特别是中国和日本

C．庞德之后，艾米·洛威尔（Amy Lowell）领导了意象派运动

D．威廉·华兹华斯是最早的意象派诗人

10．诗歌《鹰》是英国诗人________的作品。

A．拜伦　　B．雪莱

C．丁尼生　　D．华兹华斯

11．关于意象，以下说法不正确的是________。

A．意象是用主观情感或思想来表现客观事物

B．意象是诗歌的重要表现形式

C．意象是客观形象与主观心灵融合成的带有某种意蕴和情调的东西

D．红豆和鸳鸯是中国古诗词中常见的爱情意象

12．关于日本俳句，以下不正确的是________。

A．只有两三行

B．表达作者刹那间的感受

C．是世界上最短的格律诗之一

D．受到西方古典诗歌影响

13．《红色手推车》（*The Red Wheelbarrow*）一诗的作者是________。

A．T. S. 艾略特

B．威廉・卡洛斯・威廉姆斯

C．埃兹拉・庞德

D．罗伯特・弗罗斯特

14．马致远的经典作品《天净沙・秋思》：枯藤老树昏鸦，小桥流水人家，古道西风瘦马。夕阳西下，断肠人在天涯。在这首词中，作者运用的创作手法不包括以下哪一种？________。

A．意象叠加　　　　B．语法并置

C．比喻　　　　D．寓情于景

15．关于诗歌押韵，以下说法不正确的是________。

A．指相同或相似声音的重复

B．声音的重复总是让人感到单调乏味

C．诗歌押韵朗朗上口、便于记忆

D．一般来说，格律诗对押韵要求更加严格

16．在英语中，________的变化往往暗示着语义的转折和变化。

A．头韵　　　　B．腹韵

C．尾韵　　　　D．声韵

17．“琵琶”一词的发音规律类似英语中的________。

A．头韵　　　　B．腹韵

C．尾韵　　　　D．声韵

18．关于诗歌节奏，以下说法不正确的是________。

A．诗歌节奏指相同或相似声音的规律性出现

B．英语诗歌的节奏主要体现在声调

C．汉语诗歌的节奏体现在平仄搭配

D．声音的规律性的变化包括重复、强弱、高低、长短等

19．关于英国著名诗人的诗歌《鹰》，以下说法不正确的是________。

A．“He clasps the crag with crooked hands；Close to the sun in lonely lands，Ringed with the azure world，he stands”这三句有明显的尾韵“*ands*”

B．“The wrinkled sea beneath him crawls”，该句有短元音[i]和长元音[i:]，给人以舒缓拖曳之感，同时 crawl，wrinkle 这样的字样，显得柔和舒缓，体现了大海此时的状态，反衬鹰的伟岸

C．“He watches from his mountain walls；And like a thunderbolt he falls”这两句因为结尾跟“ands”发音不同，所以不押尾韵

D．“He clasps the crag with crooked hands”，此句有多个爆破音，比如[k] [g] [t]，形象地体现了鹰爪叩击悬崖的声音，短促刚硬，凸显了鹰的力量与速度、坚硬与威猛

20．诗歌《鹰》的结尾“He falls”富有深意，以下哪一种解释不正确？

A．鹰的自杀方式旨在向生命尊严致敬

B．象征英雄陨落

C．作者悼念逝去的朋友

D．表达了作者悲观消极的生活态度

二、阅读体验分享与问题讨论

（一）阅读体验分享

题目见课前设计。

（二）视频问题

1．怎样从音乐之美、意向之美和编排之美三个角度来赏析诗歌？

2. 什么是押韵？押韵有哪些类型？

3. 如果你有机会，能否抓住几片飘飞的树叶，根据情景配上一首小诗，寄给自己思念的人呢？

4. 什么是拟声？能从你所知道的诗歌中找出一些例子吗？

5. 请了解一下日本的俳句。请给下面诗句再接上一句来组成一首日俳：Fallen flower returning to the branch；落花重返枝头。

6. 怎样赏析丁尼生（1809—1892）的诗《鹰》？你最喜欢其中的哪一句？为什么？

7. 请你根据自己的阅读体验尝试翻译作者埃兹拉·庞德（1885—1972）的《在地铁车站》这首诗。

三、现实案例分析

针对课前“现实观照”部分的任务要求，请同学们跟小组一起分享课前收集的现实案例，然后每组推举代表在全班汇报，分析一个最为突出的案例，老师再引导全班进一步拓展。

1. 请回忆你校园生活中感觉最有诗意的瞬间，并尝试为此配上诗词，诗词可以是自己的独创，也可以是引用。

教师引导：引导其他同学共同配诗。

2．你在哪些生活场景中见过人们用诗歌表达自己？你是否觉得在现代社会，诗歌已成为一个小众阅读体裁，即将没落甚至消失？

教师引导：分析诗歌的起源与社会功能，并让学生分享知晓的国内外当代诗人及其作品，列举生活中使用诗句的场景。可引导学生列举抗震防疫等跨地区跨国援助中引用的诗句，或者列举我国以及其他国家领导人在重要场合引用的诗句。

四、方法论引导

1．你喜欢的歌曲是因为歌词还是旋律？哪些歌曲的歌词让你感觉到是一首诗歌？能否当众唱出来？

2．观察窗外的草坪、植物、天空、建筑、喷泉等，并用一两句话表达出来。

3．观察教室里的同学，选择其中的一个用一两句话描述，然后让其他同学猜被描述的人。

4．教师展示一幅比较简单的图片，比如篮球、伞等，引导学生讨论和联想，让每个小组现场写出一首短诗朗诵给全班，小组间相互点评。

5．除了音乐之美、意象之美和编排之美三个欣赏角度以外，还可以从哪些方面分析和欣赏诗歌？

五、多角度看问题与伦理引导

1．中文诗和外文诗有哪些值得相互借鉴的地方？

2．你听闻过柏拉图曾将诗人逐出他的“理想国”这一说法吗？请查阅相关资料，分析柏拉图对待文学和作家的态度及其背后的根源。

课　后

一、文本拓展

1. 请阅读美国诗人威廉·卡洛斯·威廉斯（William Carlos Williams 1883—1963）的一首诗歌：The Red Wheelbarrow，并根据诗歌三美原则进行赏析。

2. 《死亡诗社》是由彼得·威尔执导，罗宾·威廉姆斯、伊桑·霍克、罗伯特·肖恩·莱纳德领衔主演的一部励志电影。该片于 1989 年 6 月 2 日在多伦多首映。该片获第 62 届奥斯卡金像奖最佳原创剧本奖项。请观看电影，尤其关注影片中教师和学生关于诗歌创作的讨论。写观后感。

二、创作

根据诗歌的三美原则就日常生活中的某一事或物写一首诗，寄给自己思念的人。

第八讲　《哈姆雷特》：悲剧的特征与力量

课　前

一、阅读体验

1. 你对《哈姆雷特》剧情印象最深刻的地方是什么？

2. 你对奥菲莉亚有何评价？

3. 请用三个词语描述你对哈姆雷特的叔叔克劳狄斯的印象。

4. 木心在评价哈姆雷特时说：一个思想过度的人，行动非常软弱。你赞同这句话吗？你的观点是什么呢？

5. 请看完教学视频或教材上的文本分析，然后对比视频或教材上的观点和自己的阅读体验有何不同，你还有哪些疑问？

二、现实观照

1. 请回忆你人生最感悲剧性的瞬间，回忆你是如何克服它所带来的负面效果，并反思它对你的人生产生的可能影响。

2. 如果你的家庭因某个人的原因遭遇不测，你会选择报复吗？如果会，你会采取怎样的手段？是否有更好的办法来处理这种事情？

3. 你是否注意过生活中的悲剧和喜剧有可能相互转化？

4. 请另外介绍一部悲剧，中外皆可。

课　　中

一、客观题测试

请根据《哈姆雷特》这篇作品以及课程视频的讲解分析，完成以下单项选择题。

1．《哈姆雷特》的主要人物不包括_________。

A．奥菲利亚　　B．鲍西亚

C．乔特鲁德　　D．克劳狄斯

2．剧情一开始，年轻的丹麦王子哈姆雷特就遭受了一连串打击，其中不包括_________。

A．父亲去世　　B．母亲改嫁

C．恋人背叛　　D．王位被篡夺

3．哈姆雷特装疯的原因不包括_________。

A．为了尽快替父报仇

B．为了验证鬼魂所说的话

C．为了保护自己

D．为了消除新王的怀疑，为复仇寻找适当时机

4．哈姆雷特是用_________的方法验证新国王就是杀父真凶的。

A．让戏班子演出　　B．质问新国王

C．私下打探　　D．请人侦查

5．当新国王观看戏班子演出类似于鬼魂所说的毒杀国王的故事的时候，他的反应是__________。

A．无动于衷　　B．伤心难过

C．出奇愤怒　　D．惊吓不已

6．当哈姆雷特撞见新国王在一个角落独自跪地祈祷时，他的表现是_________。

A．径直离开　　B．拔剑复仇
C．偷窥注视　　D．与之交谈

7．哈姆雷特误杀了躲在他母亲房间里的偷听他们母子二人谈话的________。

A．克劳狄斯　　B．波洛涅斯
C．雷欧提斯　　D．奥菲利亚

8．哈姆雷特在装疯的过程中对奥菲利亚的态度是________。

A．温柔以待　　B．坦诚相见
C．装疯卖傻　　D．恶语相向

9．奥菲利亚受到一连串的精神打击，最后因________而死。

A．饮下毒药　　B．上吊自尽
B．落水　　D．他人谋杀

10．新国王派人送哈姆雷特去英国的目的是________。

A．让哈姆雷特继续求学深造
B．让哈姆雷特躲避杀人之罪的惩罚
C．让哈姆雷特与英国王室商谈政事
D．让哈姆雷特死于借刀杀人之计

11．当哈姆雷特在去往英国的途中发现了新国王的诡计时，他的反应是________。

A．主动写信告知新国王自己即将返回
B．找一个隐匿之处躲藏起来
C．前往他国寻找救兵帮助自己
D．悄悄回国伺机向新国王报仇

12．是谁煽动了雷欧提斯找哈姆雷特报仇的复仇之心？

A．新国王　　B．奥菲利亚
C．哈姆雷特　　D．雷欧提斯自己

13．雷欧提斯之所以向哈姆雷特挑起决斗的原因不包括 ________。

A．新王挑唆，欲借刀杀人

B．哈姆雷特杀死了他的父亲

C．哈姆雷特害死了他的妹妹

D．哈姆雷特夺走了他的恋人

14．在雷欧提斯与哈姆雷特的比武中，新国王为了除掉哈姆雷特，除了准备毒剑，还备下了________。

A．暗箭　　B．毒酒

B．刺客　　D．杀手

15．哪些人因中毒剑而死？

A．霍拉旭、哈姆雷特

B．乔特鲁德、新国王、哈姆雷特

C．雷欧提斯、哈姆雷特、新国王

D．哈姆雷特、霍拉旭、新国王

16．《雷雨》的作者________被称作“中国的莎士比亚”。

A．茅盾　　B．老舍

C．巴金　　D．曹禺

17．关于《哈姆雷特》的写作背景，以下描述不对的是 ________。

A．写于 1601 年

B．伊丽莎白女王统治末期

C．欧洲文艺复兴刚刚兴起

D．人文主义走向衰落

18．根据亚里士多德的观点，悲剧的目的是通过释放一些强烈的情感并来使这类情感最终得以宣泄，其中不包括 ________。

A．恐惧　　B．绝望

C．快乐　　D．痛苦

19．著名学者朱光潜认为，悲剧引起人们快感的是_________。

A．灾难　　B．痛苦

C．反抗　　D．厄运

20．中国古代悲剧有三种类型：善有善报恶有恶报型、精忠义士型和看破红尘解脱人生型；其中善有善报恶有恶报型的典型作品是 ________。

A．《红楼梦》

B．《窦娥冤》

C．《赵氏孤儿》

D．《孔雀东南飞》

21．关于悲剧与禁忌的关系不包括哪一项？_________。

A. 悲剧通过对某些欲望主体的惩罚来实现对不当的欲望的约束与管理

B．悲剧通过寻找替罪羊来释放被视为禁忌的欲望

C．《哈姆雷特》反映了乱伦和犯上杀君的禁忌

D．悲剧展现出残害生灵是人类社会的一种典型禁忌

22．悲剧所关乎的人类社会的禁忌不包括 ________。

A．欺盗　　B．弑父娶母

C．犯上弑君　　D．杀婴

23．从私人领域来看，关于哈姆雷特拖延向新国王复仇的原因，下列说法不正确的是_________。

A．对亲情的顾虑阻碍着他的行动

B．他对于新国王是否是杀父仇人不敢肯定

C．他母亲对父亲的快速背叛使得他的爱情观破碎

D．除霍拉旭之外，他的朋友都背叛了他

24．从公共领域来看，哈姆雷特行动延沓的原因是_________。

A．他没有朋友相助其复仇

B．人们以为他真的疯了

C．他担心程序正义的丧失

D．他害怕自己的复仇伤害到母亲和其他人

25．剧中的哈姆雷特失去的有价值的东西不包括_________。

A．父亲的去世

B．母子关系的恶化

C．爱情的幻灭

D．朝臣的敌对

26．以哈姆雷特为代表的封建王子的悲剧最后转变成________的悲剧。

A．整个丹麦王室

B．怀有人文主义理想的知识分子

C．文艺复兴时期艺术家

D．中世纪基督教教徒

27．在故事剧终时，哈姆雷特有美好的东西失而复得，不包括哪项？________。

A．母子关系的重建

B．公开承认对奥菲利亚的爱

C．与雷欧提斯的相互谅解

D．原谅了新国王

28．关于不同社会力量的代表，下列说法正确的是________。

A．新国王代表的是中世纪宗教思想

B．新国王代表的是苟延残喘的力量

C．哈姆雷特代表的是社会发展中新兴的力量

D．哈姆雷特代表的是欲望的张扬

29．下列关于戏剧的说法不正确的是________。

A．喜剧是将有价值的东西毁灭给人看

B．善有善报恶有恶报是喜剧的特征之一

C．中国的戏剧作品中也有悲剧作品

D．西方的悲剧中也包含善有善报恶有恶报的倾向

30．下面关于《哈姆雷特》这一悲剧作品的说法不正确的是________。

A．《哈姆雷特》是排名第一的最具影响力的文学作品

B．2006 年上映的国内电影《夜宴》是《哈姆雷特》的中国版

C．《哈姆雷特》在全世界被广泛地演出，并被拍成各种电影

D．《哈姆雷特》是典型的复仇悲剧，强调复仇的快速行动

二、阅读体验分享与问题讨论

（一）阅读体验分享

题目见课前设计。

（二）视频问题

1．什么是悲剧？悲剧有什么功能？

2．悲剧和喜剧各有什么特点？你更喜欢哪一种？

3．根据亚里士多德的定义，悲剧通过释放怜悯与恐惧这类强烈的情感使我们的心灵得到净化。亚里士多德的老师柏拉图则认为悲剧激发的这些情绪是危险的，不仅不能解决问题，反而带来危险。对此，你是同意柏拉图还是同意亚里士多德呢？或者，你有自己的不同见解？

4．人类为何喜欢悲剧这种文学形式？为何喜欢看有价值的东西的毁灭呢？

5．如果你处于哈姆雷特这样的儿女之位，你该如何面对失落的亲情？有同学说，我会直接将惊人的秘密告诉母亲，和母亲密谋共同处死新国王；也有同学说，母亲听到这个惊天秘密后也许会羞愤自杀而死。你有何看法呢？

6. 新国王躲到角落跪地祈祷时，哈姆雷特只要拔出剑来，朝新国王后背一剑刺去就可替父报仇。他为何犹豫了呢？如果换成你，你会怎样做呢？

7. 你有过失去亲情、爱情或友情的时刻吗？最终你是如何熬过来的呢？

8. 中西方的悲剧有什么相同和不同之处？

三、现实案例分析

针对课前“现实观照”部分的任务要求，请同学们跟小组一起分享课前收集的现实案例，然后每组推举代表在全班汇报，分析一个最为突出的案例，老师再引导全班进一步拓展。

1. 请回忆你人生最感悲剧性的瞬间，回忆你是如何克服它所带来负面效果，并反思它对你的人生产生的可能影响。

教师引导：比较不同时期的心态，彰显悲剧可能的净化与教育意义。

2. 如果你的家庭因某个人的原因遭遇不测，你会选择报复吗？如果会，你会采取怎样的手段？是否有更好的办法来处理这种事情？

教师引导：引导学生借助法律的手段获取公平与正义。

3. 你是否注意过生活中的悲剧和喜剧有可能相互转化？

教师引导：一个时空里的悲剧放在另一个时空可能是喜剧，反之亦然。悲剧给人带来的成长和力量也不容忽视。时间变迁、文化差异、生活态度、对悲剧与喜剧的不同界定，会让悲剧和喜剧不再截然两分。这个思考题同样适用于多角度看问题的部分。

4．请另外介绍一部悲剧，中外皆可。

教师引导：介绍时注意详略得当，并适当分析剧情、主题和社会意义。在不同学生介绍之后，可以引导学生总结中外悲剧异同之处。

四、方法论引导

1．在莎士比亚所处的时代，人们认为悲剧有哪些基本特征？

2．哈姆雷特一而再再而三地错失替父报仇的良机，请分析哈姆雷特延宕的原因，以及作者这样写的可能目的。

3．表演与讨论：请一个小组表演《哈姆雷特》最后一幕：哈姆雷特与雷欧提斯决斗。然后引导学生讨论：为什么最后所有重要人物都死去了，有价值和无价值的都毁灭了？其意义何在？

五、多角度看问题与伦理引导

1．换位思考与头脑风暴

假设你是哈姆雷特，在剧情的关键节点会做出和主人公哪些不同的选择，并因此导向怎样的结局？

说明：每个小组展开，画出思维导图，每组选一位代表进行展示。获最高分的改写思路由该小组完成剧本改写并表演出来。

2．换位思考与角色分析

请尝试站在克劳狄斯的立场，思考他行动背后的原因。做了此番思考之后，你对他的印象是否有所改观？能否发现他身上也有闪光的一面？

课　后

一、文本拓展

1．莎士比亚的四大喜剧之一《威尼斯商人》其实也充满了悲剧色彩。为什么莎翁要把它写成喜剧而不是悲剧？

2．观看电影《夜宴》

《夜宴》是 2006 年上映的一部宫廷悲剧电影，该片根据《哈姆雷特》改编，由冯小刚导演，主要演员有章子怡、葛优、吴彦祖、周迅、黄晓明等明星。请观看并点评《夜宴》。

二、视频制作

仔细观察生活，拍下或演出校园生活中的小小喜剧或悲剧，并配上画外音加以解说。

期末总结

一、学习过程及效果

1．请你对本课程的 MOOC 中某个内容提出自己的反思或挑战。

2．请陈述你自己在课堂活动中的贡献和收获。

3．除本组活动外，本期哪个课堂讨论或活动给你的印象最深刻或你觉得最有意义？请注意：不能阐述本组活动或讨论。

4．请讲述课堂上同学们发言或者活动中给你印象最深的一次，并解释原因。

5．请写一封给小组成员的信，指出你从哪些小组成员身上学到了什么优点，同时总结小组活动的不足，并提出改进措施。

6．你认为我们课程目前的翻转课堂学习模式对你的学习习惯有何影响？你如何给学弟学妹建议更好地利用翻转课堂？

7．请对本课程提出至少两条改进意见和建议。

8．本课程努力贯彻“听说读写”4 个环节。你在哪个或哪些环节中收获最大？哪个或哪些环节中收获最小？怎样改进？请举例分析说明。

二、期末作文

1．请阅读刘慈欣在美国纽约领取 2018 年克拉克奖获奖演说时的部分演讲文，并围绕其中某一或某几个观点自拟题目，写一篇作文。

“我们这一代在 20 世纪 60 年代出生于中国的人，很可能是人类历史上最幸运的人。因为之前没有任何一代人像我们这样目睹周围的世界发生了如此巨大的变化。我们现在生活的世界与我们童年的世界已经完全是两个不同的世界，而这种变化还在加速发生着。中国是一个充满着未来感的国度，中国的未来可能充满着挑战和危机，但从来没有像现在这样具有吸引力，这就给科幻小说提供了肥沃的土壤，使其在中国受到了空前的关注。”

2. 《竹林中》每个讲故事的主角都不敢完全面对自我，甚至对自己撒谎；《简・爱》中的伯莎可看作是简・爱难以正常面对的另一个自我；《堪萨斯》中的主人公无数次尝试拷问自己的灵魂；《朗读者》《哈姆雷特》中的男主人公也似乎难以面对真实的自我。请以《我与我的另一面的对话》为题，写一篇文章，文体可以是散文、小说或议论文。

3. 请根据以下材料写一篇文章，自拟标题。注意不要脱离材料内容和含义范围进行写作。不能使用诗歌体裁，字数不少于500字。

马克思的大女儿燕妮曾问历史学家维特克：“你能用最简明的语言，把人的历史浓缩在一本小册子里吗？”维特克的回复里，用下面四句德国谚语就可充分描绘古今的历史：

（1）上帝让谁灭亡，总是先让他膨胀；

（2）时间是筛子，最终会淘去一切沉渣；

（3）蜜蜂盗花，结果却使花开茂盛；

（4）暗透了，更能看得见星光。

附　　录

认知研究与伦理批评合力下的外国文学教学①

邹　　涛

摘　要：本论文以认知科学和伦理批评为理论支撑，总结笔者以美国当代作家斯蒂芬·多宾斯的短篇小说《堪萨斯》（1999）为阅读素材的一项教学实践，探讨如何在文学课程中利用认知理论有效发挥文学的示范功能、情感交流功能、认知功能以及“塑造”功能，彰显跨文化、跨学科的比较文学意识如何帮助文学教师更好地促进外国文学与中国当下现实的深度互动。

关键词：认知研究；读心能力；伦理批评；外国文学教学

Teaching Foreign Literature with Insight from Cognitive Studies and Ethical Criticism

Zou　Tao

Abstract: This paper reports a teaching practice, in which Stephen Dobyns'

① 本文系四川省社会科学研究“十三五”规划课题“基于核心素养的外国文学阅读课程设计”（SC16WY011）、中央高校基本科研业务费项目“记忆科学与叙事学的界面研究”（ZYGX2014J124）、电子科技大学教改项目“以伦理为导向的高校文学教学研究与实践探索”（2015XJYYB070）的阶段性成果。本论文发表在《英语研究》2017 年第 5 辑，第 12-19 页。

moral story "Kansas" is chosen for close reading. The teaching practice, with insight from congitive science and moral criticism, aims to realize the exemplary, affective, cognitive and formative functions of literature,and to deepen the interaction between foreign literature and domestic reality in the practice of literary teaching with cross-cultural and interdisciplinary consciousness.

Key words: cognitive studies; mind reading; ethical criticism; teaching of foreign literature

一、认知转向与伦理批评回归的合流

目前，国内外文学研究界正经历着认知转向与伦理批评回归这两股大潮。两股潮流看似各行其道，缺乏深度交叉点，但是，对文学功能的探究可以将两者汇聚一处，使文学之势更为铿锵有声。

文学研究的认知转向可以看作是当代社会渴望摆脱后现代解构潮流之后果的产物。价值体系的崩溃使人们分外渴望抓住相对实在的、可被证实的东西。当代认知科学由此得以与文科领域拥抱联姻。人文学者努力借助认知科学的力量支撑对人文学科价值的信念，自然科学家也乐于验证人文科学的假设。不过，正如 Meir Sternberg 所指出的，很多文学认知研究因忽略了理论传统而效果平平（2003: 314）；Marie-Laure Ryan 也抱怨目前大部分叙事认知研究缺乏新鲜见解，只不过证实了我们早就知道的东西（2010: 471-2）。

在文学研究界，认知转向与伦理批评的回归几乎同时发生。认知科学研究帮助我们理解主观世界与生理机制的关联，验证人文学者的诸多假设，但并不能真正引导我们如何做出主观反应，而伦理批评恰恰强调对主观反应的现实引导。伦理批评可以使文学研究在接纳认知科学的同时得以保留自己的领地，同时，对于文学功能的探讨可促进两股潮流的互动与结合，使两者殊途同归，共同彰显文学的独特魅力、促进文学的各种功能的更有效发挥。

目前，随着新一轮的素质教育热潮的兴起，文学教师正赶上了演绎文学功能的新机遇。学生综合素质的下降，尤其是心理问题的不断突显，比比皆是的高分低能等情况，使大家重新意识到博雅素质教育的重要性。文学课程作为博雅教育中的重要一环重新得到重视。笔者作为所在的 985 高校的文学类核心素质公选课程负责人之一，努力结合认知研究成果与伦理观照进行文学教学实践，期待改善国内文学研究与文学教学严重脱节的现状，有效发挥文学的各项功能。

二、认知理论观照下的文学功能

斯坦福大学教授约书亚·兰迪将小说功能总结为四种：示范功能（exemplary）、情感交流功能（affective）、认知功能（cognitive）以及“塑造”（formative）功能（Landy, 2012: 171）。示范功能既包括典型人物对读者所具有的示范作用，也包括叙事形式为我们认识自己的人生提供的表达形式参考。情感交流功能包括情绪的宣泄、复杂情绪体验的激发以及共情（empathy）能力的培养，而共情能力往往被视为向善的基础。诗人雪莱指出：“一个人要想高尚，必须深刻而广泛地想象；必须站在许多人的位置上思考。”（Shelly, 1994: 961）认知功能指获得对自我、作家、文化语境以及世界的理解（Landy, 2012: 171-176）。兰迪认为，这三种功能强调小说“说”（say）了什么，而“塑造”功能则强调它“做”（do）了什么。“塑造”类小说“训练”我们的“技能”（skills），让我们知道在情感控制、社会意识、逻辑推理、假设生成、有意自欺、宗教信仰”等方面“怎样做”，使我们“更好地完成文本期待我们做的事情”（Landy, 2012: 183-184）。兰迪对小说功能的总结，尤其是对其实践意义的强调代表着众多文学工作者的美好信念。

认知科学为解释上面所提及的各种文学功能提供了有力支撑。奥莱夫·霍克等学者通过实验发现语言阅读与身体动作之间的联系。当受试者读到某个表示身体部位（如手、脚、嘴巴）动作的词汇时，大脑激活了动作神经元区域，该区域与人做对应的实际动作时激活的神经区域相邻或交叉（Hauk et al., 2004: 301-307）。这部分解释了人在阅读时为何能产生类似于亲历的效果。国际顶尖自然科学杂志《科学》上的《阅读文艺小说提高心理理论》（2013）一文更是直接提供了实验证据，强调对读者提出较高要求的文艺小说比一般大众小说或非小说类更能提高心理理论（Kidd & Castano, 2013: 377-380）。“心理理论”（Theory of Mind，简称 ToM）又称“读心能力”（mind reading），指我们理解他人行为背后的思想、情感、信念、欲望等心理状态，并预测其后续行为的能力。它一般被分成两种：情感心理理论（affective ToM）和认知心理理论（cognitive ToM）。前者用于分辨和理解他人情感，和“共情”能力密切相关，后者则用于推测他人思想、信念和目的。科学家通过研究自闭症患者发现，自闭症往往表现为对虚构和故事讲述缺乏兴趣，而叙事对于培养“心理理论”发挥着重要的作用，帮助我们获得自我中心视角以外的他人视角以及时间意识等。“心理理论”为兰迪所说的“情感交流功能”“认知功能”提供了理论依据。

为了充分发挥文学的功能，我们在文学教学设计中首先得精心挑选对读者具有一定挑战的文本；其次，针对兰迪所说的文学的示范功能（exemplary）、情感交流功能（affective）、认知功能（cognitive）以及“塑造”（formative）功能，我们需要一一设计对应的教学环节。

三、教学实践：以《堪萨斯》为例

相关教学实践是在笔者负责的全校性核心素质课程“西方经典文学著作选读”上展开的。收集的数据来自于笔者 6 个学期所授 12 个班共 460 名学生。

（一）文本选择与问题聚焦

美国当代作家斯蒂芬·多宾斯（Stephen Dobyns）的短篇小说《堪萨斯》（Kansas, 1999）在主题和形式上对授课学生都提出了挑战。该文本讲述主人公因自己在一件突发事件中无作为而抱憾终身的故事。小说前半部分描写一个 19 岁的男孩在搭乘一个农民的顺风车去暑期学校的过程中，发现该农民正带着手枪驱车追赶他的妻子和她的情人。男孩怕惹火上身，搭车途中一直不敢和农夫进行过多的交流，所幸他到达目的地下车时农夫还未追上那辆车。下车之时农夫警告男孩不要报告警察，男孩答应了他并遵守了承诺。农夫事件到底结局如何？这成了压在男孩心上的一个永恒的谜团，导致他临终之前，眼前出现该事件的四种可能幻象。临终场景以及这四种幻象组成了该故事的后半部分内容。在主题上，很多学生在预习完后认为主人公在突发事件中的无作为完全符合常理常规，因此，难以理解主人公为何对此耿耿于怀。在形式上，同时提供多种可能性的开放式结构也引起诸多学生的困扰，不知其意义何在。笔者意识到，此文本可以用来联系中国当下的一个普遍伦理问题。近几年不断发生的碰瓷事件、扶不起事件等类似现象将整个中国社会置于一个温水煮青蛙的道德滑坡险境中。面对在碰瓷事件、扶不起事件氛围中走进大学校园的新一代刚成年的学生群体，高校文学教师利用文学文本对他们进行伦理引导的任务变得迫切。《堪萨斯》在主题和形式上正好有益于引导学生反思国内众多的无作为事件。

（二）学习准备：自我认知和读心能力初步训练

为了检测学生在学习之前的相关思想与情感状态，笔者在第一堂课上对学生关于“无作为事件”的态度与看法进行摸底测试。笔者将这次测试向学生解释为“理解能力”测试，以减少他们的戒备意识，引导学生尽可能说出真话。笔者首先向学生说明以下几点：（1）高等教育的重要目标是培养理解能力，它既包括对真善美的领悟能力，也包括对黑暗面的理解能力；（2）对黑暗面的理解不是为了同情、认同或赞同，而是了解问题的根源，从而寻找对策，更有效地避免类似问题和悲剧的再度发生。（3）此次测试的是他们对争议事件的理解能力。既然是争议事件，难以说明对错。每个人心中都有人性的黑暗点，所以，不必担心自己的回答不够理想化。只有诚实面对自己的内心，才能更好地理解人性和自我。

在完成上述说明后，笔者让学生当场在 10 分钟内快速完成问卷一。第一轮两个班的测试是实名制，后面学期的班则采取匿名制。从最终调查结果来看，实名制和匿名制没有显著区别，说明测试前的引导有效解除了学生的戒备意识，回答问题的诚实度较高。测试内容选 2～3 个国内近期具有较大影响力和争议的无作为案例，如 2014 年在深圳地铁口发生的梁娅事件、2012 年在成都发生的赵涛事件、2011 年的小悦悦事件、2008 年在汶川地震中发生的范美忠事件[①]、2006 年的彭宇案等等。此外，第一轮两个班的学生因没有让他们提前预习文本，因此，根据《堪萨斯》情节设计的虚构的搭车事件也成为测试案例之一，以方便学生对照自己和主人公的行为之间的异同。所有案例测试的问题都是两个，第一个要求学生想象如果自己当时也置身其中，最可能做出何种反应？第二个则要求他们解释那些事件中相关人员无作为的可能原因。这个环节在完成摸底测试的同时，训练了学生的自我认知和换位思考的读心能力。

（三）文本细读：读心能力强化训练及伦理引导

笔者在引导学生细读《堪萨斯》时从故事层和叙述层训练他们的读心能力，以帮助他们深刻理解该作品、产生良好的共情效果，进而促进他们的观念与态度的变化。首先，在故事层面，引导学生努力理解与人物的言行与背后的心理状态；其次，在叙述层面，引导他们努力理解作者写作材料选择、叙述技巧等背后的目的。

对于《堪萨斯》而言，实现上述目标的关键在于帮助学生理解小说后半部分的四种可能场景中的人物心理及其排序意义。主人公在这四种可能性以及前半部分提供的原场景中的表现如表 1 所示。

表 1

原场景	男孩不敢多说，到达目的地下车，向农夫承诺不报警
场景 A	农夫杀死妻子及其情人后开枪自杀，男孩只是目睹了这一切
场景 B	男孩一路劝说农夫，成功引导农夫放弃追杀、将车开到警察局并将枪交给警察，而警察承诺要帮他处理该事情
场景 C	男孩一路上一言不发，下了车后直接将农夫的杀人企图报告警察，结果发现警察将农夫开枪打死
场景 D	男孩一路劝说农夫放弃原计划，当农夫用枪对准其妻子和情人时，男孩挺身而出挡在农夫妻子前面，子弹击中了男孩的要害部位

① 范美忠事件只在第一轮两个班测试中使用过。在后来的班级中，笔者为了进一步引导学生坦诚面对自己内心可能的黑暗面，以自己在 2008 年地震中的表现为例，反思自己当时面临的伦理困境，并由此谈及自己对范美忠事件的看法。因此，该事件后来不再用来测试学生，而是用于做测试前的引导。后来的调查反馈结果显示，老师主动剖析自我的做法得到学生的高度认同，也因此进一步加强了他们回答测试问题的真诚度。

在故事层面，笔者引导学生讨论了后面四个场景的特点、区别及其与主人公自我定位之间的关系，促使他们理解主人公的外在行为与思想、情感、信念、欲望等之间的关联，据此对主人公做出伦理判断。讨论结果总结如下：场景A中的男孩表现和原场景最为相似，而且场景A损失3条人命，客观上最惨烈，也因此是一般人最担心的。也许正是对这个最糟糕场景的忧惧，使得男孩难以原谅自己当初的无作为。那么，当意识已经无法压制这种忧惧时，它第一个从潜意识中钻出来，进入了意识层面。男孩在这个场景中只是无意义地抗议了两声，体现出一个无作为的旁观者的自我角色定位；场景B是最美好的，无人伤亡，完全靠男孩在车里的劝说就使得农夫放下武器，解除危险。这很可能是因为第一种最糟糕场景进入意识后吓坏了意识主体，使主体本能地产生抵制和防御，让最理想化的、毫无损失的另一种可能代替和压制它。这体现的是最理想化的自我定位。然而，对于一个19岁的男孩，这种危机时刻的从容与口才更像是一个无法完成的任务。主体大概也意识到其过于理想化，于是，意识又滑入另一个极端。场景C大概是最让男孩良心不安的一种。因为农夫在极其痛苦的状态中依然对路边等待搭车的男孩施以援手，体现出他本质淳朴善良，也暗示他对追杀的犹豫。如果这样一个心地善良、备受屈辱且有恩于自己的人死于自己的告密，男孩的自我定位很可能是个卑鄙的告密者、忘恩负义之人等负面形象。农夫悲惨死去的场景和极度的自责可能使意识主体再一次难以承受，迫使意识朝另一个极端调整，即将自己从告密的“罪人”转变为第四个场景中的舍己救人、英勇牺牲的“英雄”。令人深思的是，也许是受国内扶不起事件的负面影响，有很多同学将第四个场景中的主人公自我定位为“可怜的牺牲品”。

针对场景D中的主人公自我定位的两种矛盾阐释，笔者在叙述层面引导学生思考四个选项的排序方式反应出作家怎样的伦理选择。讨论结果如下：如果将其最后的自我形象定位为“牺牲品”，那么主人公最终就是郁郁而终，他一生受搭车事件困扰也就成了无法解脱、永无出路的人生困境。做出这种选择的“隐含作者”（Implied Author）是悲观的，认为主人公不管做何种选择都是有害或于事无补的，其无作为也就变得似乎更加合理，而主人公的死也因此变成了一种讽刺，那么，作品的伦理功能也随之大打折扣。与此相反，如果将其最后的自我形象定位为“英雄”形象，则符合场景 A～D 的自我定位从糟糕到美好两级交替出现的心理规律。让主人公在一生的自我伦理拷问之后以满意的自我形象安然逝去，这既传递出“隐含作者”的悲悯情怀，也符合基督教的宽恕精神。所以，结局的“英雄”形象不是基于主人公在搭车事件中的实际表现，而是基于主人公自我拷问的伦理意识。后一种英雄模式和中国文化中的“慎独”理念相契合，展现的是伦理的两面——自律性和社会性的完美融合。社会性强调对他人负责，自律性强调自己内在的监督机制。由此，“隐含作者”为我们提供了一种当场的英勇行为之外的另一种救赎方式，即事后的伦理觉悟与升华以及相应的行动。这一种救赎方式对于我们走出无作为事件的阴影有非常积极的正面效果。

讨论结束后，很多学生，尤其是原来认为主人公最后定位是“牺牲品”的学生表现出一种如释重负的感觉。大家意识到无作为事件可能影响人的一辈子，为了避免主人公的悲剧，自己要勇敢承担起社会责任。对于那些没能承担起相应责任的事件，大家要在反思中加强自己的能力，争取后面做得更好。如，刘思卓同学反思道：“人生有很多诱惑与借口，你随时都可以为自己开脱，但那样的人生是没有形状的，随意漫溢像一滩水。我希望我的人生是有形状的，通过我自己的修剪打磨反思克制，形成一个漂亮的冰晶。”她的话引起同学们的热烈掌声。总体而言，文本细读讨论环节促使学生深切理解人物的道德困境及其思想、情感，完成读心能力训练，实现了情感交流功能、认知功能、角色示范功能和伦理引导，为实现塑造功能打下良好的基础。

（四）走向文学的塑造功能

为了将学生的思想变化引向行动，在第一次课完成文本细读讨论之后，笔者布置了一项作业：模拟《堪萨斯》的开放式结构写一篇短文，讲述自己最遗憾的一件往事，并思考如果有机会重新经历该事件将有哪些可能性。如果没有遗憾往事，则深入而细致地想象问卷调查中的相关事件的其他可能的不同应对措施。不管选择自己亲历的事情还是问卷调查中的事件，尽量暗示出自己将来最可能的选择倾向。

在第二次课上，笔者首先宣布了前一次课问卷调查的结果。数次调查结果体现出以下几点共性：其一，坦然承认自己会毫无作为的同学在10%～25%之间，事件本身的危险性和无作为的比例往往成正比①。其二，选择有所作为的学生所采取的方式基本是报警，缺乏进一步的干预。在此基础上，笔者问学生："如果你或亲友像梁娅那样突然倒在地上，获救的希望大吗？"学生听到此问题，往往呆住几秒然后难过地摇头。这个问题使他们进一步意识到及时伸出援手的必要性，意识到救他人才有可能被救。接下来，针对问卷中的每一个案例，学生在自己所写的作文的基础上展开热烈的讨论，希望找到适合自己的解决方案。以同学们对赵涛事件的讨论为例，如表 2 所示。

表　2

赵涛事件	高三学生赵涛在下晚自习骑车回家途中遭到精神不正常的龙辉狂砍。随着围观群众越聚越多，龙辉最终驾驶电瓶车逃跑，而赵涛因伤势过重身亡
可能措施	迅速打电话报警，然后在歹徒的攻击范围以外大声呼救，并任意喊出几个名字，要他们快来，以震慑和驱逐歹徒离开
	迅速联合其他人，身体较弱的人负责转移其注意力（如突然喊"那边警察来了！"或抛衣服过去阻碍其视线），其他人趁机以随身携带的包、伞、水瓶等为武器，或捡起石头，或折树枝为武器，袭击歹徒握刀的手和头部，打落其武器或扑过去将其按倒

在讨论完各个案例之后，笔者请学生审视自己学习前后是否产生某些变化。学生反馈的变化主要体现为以下几点：（1）意识到这类事件都很可

① 唯一的例外是赵涛事件，其无作为比例一般只有10%左右。这大概是因为该事件的受害人是成都本地的重点中学高三学生，而笔者班上很多本地学生，尤其是那些毕业于该校的学生容易产生必须帮"自己人"的责任意识。

能发生在自己身边，甚至自己身上，帮助别人其实也是帮助自己；（2）意识到自身的胆怯与有可能不会去帮助的事实，不再把原来的无作为看作理所当然，而是感到内疚；（3）表示自己有了更好的应对紧急情况的心理准备、更坚定了既保护自己又帮助他人的决心；（4）决心今后努力学习一些救助他人的知识以及保护自己的知识，以免措手不及。

为了进一步确认学生的变化，笔者在最初的两个实名制测试的班进行了第二次问卷调查，让他们在第二次课回忆自己前一次课写下的问卷调查的答案。结果发现，大多数学生对第一次问卷所做的回忆比实际回答更积极美好。因为是实名制，他们不可能故意回忆错。根据记忆科学理论，记忆深受当下目标和态度的影响（Greenwald, 1980: 603-618）。那么，学生被美化了的回忆可能正是因为他们当下的态度、目标及自我形象比学习之前变得更积极正面所致。如裴雪超同学所说："之前的我可能傻傻的不知道该怎么办，只会报警，或者只是心灵上的厌恶，口头上的批评，但我懂，这些和那些看了一眼什么也没做，没有心灵的厌恶等的人是一样的，我没比他高尚多少，而现在我可能会做更多了，我懂的[得]了该怎样为自己取证，保护自己，在获得了这份安全感之后，我就可以采取我的帮助他人的措施了。有时候讨厌自己，就基于讨厌那个有想法，但不去做的自己。"

本课程虽然讲授的是外国文学，但努力与中国当下的现实问题紧密联系在一起。教学实验结果对笔者产生莫大的鼓舞，意识到文学课程利用认知科学成果进行伦理引导确实能产生非常积极的效果，也深刻体会到跨文化、跨学科的视野和比较文学意识能帮助文学教师更好地发挥文学的各项功能，促进文学与现实的深度互动。受此鼓舞，笔者在教育部的爱课程网上开设了一门名为"外国文学经典选读与现实观照"的 MOOC 课程，期待更多同行和学习者利用新媒体将外国文学研究、教学与当下现实更紧密地联系起来。

参 考 文 献

[1] Dobyns, Stephen. Kansas (1999) [J]. in Kirszner, Laurie G., & Stephen R. Mandell eds. *Literature: Reading, Reacting, Writing*. 5th edition. Peking UP, 2006, pp. 95-100.

[2] Greenwald, A. G. The Totalitarian Ego: Fabrication and Revision of personal History[J]. *American Psychologist*, 35(1980): 603-618.

[3] Hauk, Olaf, Ingrid Johnsrude, and Fridemann Pulvermüller. Somatotopic Representation of Action Words in Human Motor and Premotor Cortex[J]. *Neuron*, January 22（2004）：301-307.

[4] Kidd, David Comer and Emanuele Castano. Reading Literary Fiction Improves Theory of Mind[J]. *Science*, 342(2013): 377-380.

[5] Landy, Joshua. Formative Fictions: Imaginative Literature and the Training of the Capacities[J]. *Poetics Today*. 33.2(2012): 169-216.

[6] Ryan, Marie-Laure. Narratology and Cognitive Science: A Problematic Relation[J]. *Style*, 2010, 44(4): 469-95.

[7] Shelley, Percy Bysshe. A Defence of Poetry[G]. In Duncan Wu ed., *Romanticism: An Anthology*. Oxford: Blackwell, 1994: 956-69. p. 961.

[8] Sternberg, Meir. Universals of Narrative and Their Cognitive Fortune (I) [J]. *Poetics Today*, 2003, 24(2): 297-395.

[9] 斯·多宾斯. 堪萨斯[G]. 谢艳明，译，《世界文学》编辑部编选，《再见了，马拉卡钠》（《世界文学》地理小说集粹），人民文学出版社，2007：254-261.